古典文獻研究輯刊

二六編

潘美月・杜潔祥 主編

第 **14** 冊

清季布魯克巴（布丹）漢文史料輯註（下）

蔡 宗 虎 輯註

國家圖書館出版品預行編目資料

清季布魯克巴（布丹）漢文史料輯註（下）／蔡宗虎　輯註 ──
初版 ── 新北市：花木蘭文化事業有限公司，2018〔民107〕
目 2+170 面；19×26 公分
（古典文獻研究輯刊 二六編；第 14 冊）
ISBN 978-986-485-358-8（精裝）
1. 外交史 2. 史料 3. 清代
011.08　　　　　　　　　　　　　　　　　107001772

ISBN-978-986-485-358-8

古典文獻研究輯刊
二六編　第十四冊　　　　　　　ISBN：978-986-485-358-8

清季布魯克巴（布丹）漢文史料輯註（下）

輯 註 者　蔡宗虎
主　　編　潘美月　杜潔祥
總 編 輯　杜潔祥
副總編輯　楊嘉樂
編　　輯　許郁翎、王筑　美術編輯　陳逸婷
企劃出版　北京大學文化資源研究中心
出　　版　花木蘭文化事業有限公司
發 行 人　高小娟
聯絡地址　235 新北市中和區中安街七二號十三樓
　　　　　電話：02-2923-1455／傳真：02-2923-1452
網　　址　http://www.huamulan.tw 信箱 hml810518@gmail.com
印　　刷　普羅文化出版廣告事業
初　　版　2018 年 3 月
全書字數　262533 字
定　　價　二六編 25 冊（精裝）新台幣 48,000 元　　　版權所有·請勿翻印

清季布魯克巴（布丹）漢文史料輯註（下）

蔡宗虎　輯註

目

次

上　冊

自　序

前　圖

凡　例

清代史籍於布魯克巴之記載 …………………… 1

阿旺朗吉遷入與統一布魯克巴 …………………… 9

固始汗及其後裔時期與布魯克巴之歷次衝突與
　　談判 ……………………………………… 35

準噶爾擾藏期間與布魯克巴之關係…………… 77

清廷統一西藏時之布魯克巴 …………………… 81

頗羅鼐趁亂征服布魯克巴與清廷敕封之………… 87

乾隆五十年布魯克巴部長承襲與請敕清廷……… 123

乾隆五十六年廓爾喀侵藏戰爭中之布魯克巴…… 125

嘉慶十三十五年駐藏大臣兩次匿奏布魯克巴
　　請授王爵被懲 ………………………… 133

嘉慶十七年布魯克巴與藏人之毆鬥駐藏大臣顢
　　頇審辦與革職懲辦 …………………… 135

同治三年英侵布魯克巴與西藏暗助布魯克巴
　　派員息兵和議與領土之喪失 ………… 137

下　冊

光緒二年英寇築路布魯克巴與西藏遣員阻止 ……… 153

光緒三年丁寶楨奏收布魯克巴哲孟雄直管以
　　拒英寇與清廷不准 ……………………………… 179

光緒十一年查辦布魯克巴內亂事 ………………… 185

光緒十四年英寇侵併哲孟雄時之布魯克巴與
　　清廷頒布魯克巴敕書印信 …………………… 205

光緒二十二年查辦布魯克巴事務 ………………… 225

唐古特拒認《中英會議藏印條約》與奎煥阻其
　　上書清廷　達賴託哲布尊丹巴上書清廷之
　　關涉布魯克巴者 …………………………… 227

光緒二十九年布魯克巴為英牢籠與旁觀英侵藏 … 247

張蔭棠查辦藏事關涉布魯克巴者 ………………… 253

烏堅汪曲倚英更張布魯克巴之政體與清廷之
　　漠視之 ……………………………………… 263

布魯克巴之年貢 …………………………………… 275

十三世達賴出逃印度布魯克巴之反應與趙爾巽
　　棄布之謬論 …………………………………… 283

英誘布魯克巴立約與清廷拒承認之 ……………… 289

附　錄 ……………………………………………… 297

　一、乾隆三十九年英侵布魯克巴之條約 ………… 297

　二、同治四年英侵布魯克巴之條約 ……………… 299

　三、宣統三年英誘布魯克巴之條約 ……………… 302

　四、光緒十六年《中英會議藏印條約》 ………… 303

　五、光緒三十年英逼西藏所訂之《拉薩條約》 … 305

　六、光緒三十三年英俄二寇於西藏之條約 ……… 308

　七、咸豐六年西藏廓爾喀合同 …………………… 310

　八、咸豐十一年英侵哲孟雄條約 ………………… 316

引用資料之書籍目錄 ……………………………… 321

光緒二年英寇築路布魯克巴與
西藏遣員阻止

　　此部份之內容錄自《西藏奏議　川藏奏底合編》之《光緒二年正月起至八月止奏爲披楞租地修路欲來藏通商派員馳往設法禁阻全卷》，本次事件雖爲阻止英寇謀侵布魯克巴而起，然布魯克巴之稟文簡敍英寇自乾隆年間侵略之概況，此乃極珍貴之漢文關涉布魯克巴史料也。

一、駐藏辦事大臣松〔註1〕爲譯行事

　　案據布魯克巴部長〔註2〕稟稱，敬稟者，伏思大人辦理大皇帝一切公務，諒必清平，撫鎭邊疆，寔深沾感之至，前由藏差具稟布魯克巴部長與披楞專差頭人等面晤一層，緣因披楞頭人納爾薩海帶領從人即由噶勒噶達〔註3〕行至奪結嶺〔註4〕地方，轉至巴桑卡爾地境前，該差爲未經抵境之時，預先寄來二三封書信，令該部長前來面晤一次之說，嗣該差亦復親身來到兩次，云及貴部長須至巴桑卡爾地境，若不至，彼伊定行前來，故耳預先達知之說，惟披布兩家之人從前雖無交涉面晤之例，今我方之人若不前往，不但兩國地

〔註1〕　松，指松溎，伊爾根覺羅氏，滿洲鑲藍旗人，同治十三年至光緒五年任駐藏辦事大臣。

〔註2〕　布魯克巴部長，即《清代西藏與布魯克巴》一書所載之多傑南傑，爲布魯克巴第五十任第巴。

〔註3〕　噶勒噶達，即今印度之加爾各答，在殖民地時期，從一七七二年直到一九一一年的一百四十年間，爲英屬印度之首都。

〔註4〕　奪結嶺，即今譯名大吉嶺者。

方相近，兼復連界，倘伊行至，我方寔非富饒之地，勢難接應，況該外藩之人竄入藏地，更與佛國地方不識有何事故，殊不可測，小的前於九月內便道前往，接連七八日，即如何曉以利害，開導該番，據云噶爾薩，嶺昔〔註5〕一帶地方，離藏尚近，就道欲往西藏通商營做買賣，若能開修路道，你們縱要若干工價賞項，並應用器俱，概能付給，至於每年例給地租銀錢五十千元而外，今添給銀錢三十千元，務要開修路道，再再會商前來，惟思布唐兩按，係為修經佛地，教同一體，寔力設法開導，該夷必能聽從，斷不致置若罔聞，惟我布魯克巴地方窄狹，民力稀少，更無膽略，兼以布屬各處寺院多被水火之災，此刻雖無大事可報，但開道通商一事，你處縱能發給工資賞項，並有工匠器用等件可出，而我們實不敢開修此路，爾屬若果不便修理，自有他人開徑之說，遂云我們布屬地僻山險，路道叢雜，夏來漲水，冬間復火，以致各路嚴橋盡被火燒，雖隨時修整，難逾一二年之久，依然如是，況開修此路，你們亦可常以往來交商之說，惟布魯克巴之人素性刁惡，往往出頭生事，棲住深山，如同畜類，難期教約，既有此事，爾何不照法懲禁，現在披布兩家隣封和好，內相併無嫌隙，不可如斯行事之說，目下披楞之人實難勸回，隨據披楞頭人納爾薩海言及，此次該部長現已屆期可往卓隆〔註6〕地方，我等欲往噶勒噶達地方議事，嗣至春間二月內或部長親至巴桑卡爾地方，或在半路一會，或差本國頭人一名直至布屬地方，可否之處，必得寄回確信等語，一時勢難勸回，祇可暫緩，其此事若果隨乎他心，勢必有心陷害佛教，況該披番等已將布唐兩家地勢山形並通衢各路一概勘繪地圖，均在伊手外，它方現在備辦軍器鳥槍等件，均屬齊全，以備寬壩之用，並奪結嶺過往各處江河修設數橋，俾易冬夏往來不至掣肘之舉，至該哲孟雄一帶前往卓木〔註7〕之路業與哲孟雄給予價租賞項，現在修路，能令象隻往來，但思哲孟雄地方原與披楞連界，該番等難免不無引進外藩，殊不可解，但該外藩披楞借道通商之事，情節較重，若不聲敘明白，即由我們自相會晤，又恐不宜，若一時稟明西藏，諸方事體殷繁，深恐操煩上聰，未敢遽行妄稟，倘他方再有借道通商之事，應將始終好歹祇向前藏聲訴，均係從前舊規，惟前於庚申年〔註8〕

〔註5〕噶爾薩，嶺昔，靠近西藏帕克哩宗之布魯克巴兩地名，噶爾薩似即加薩宗。

〔註6〕卓隆，待考。

〔註7〕卓木，即今之西藏亞東。

〔註8〕庚申年，當為戊申之誤，考廓爾喀之侵西藏，兵戎相見者有三次，乾隆五十

廓爾喀與唐古特構釁時，荷蒙大皇帝遣使天兵攻剿之時，欽奉大皇帝諭旨，但該布魯克巴雖係屬下子民，於事毫無益損等諭嚴行申飭前來，嗣經小的布魯克巴差派中譯〔註9〕曲吉等前往廓唐兩國從中幫同說和之後，不致大受申飭，是所起見，此次若不將此情形細為明達大皇帝聖聰，再若坐視不理，現在多事之秋，尤恐照前代過，所有此項情形，不得不稟請奏明大皇帝聖聰，是以據情稟明，維思大皇帝簡命上司現在藏中，理應稟明，伏候衡奪，但此事雖係小的具稟，全賴憲臺施恩主辦，小的現與披楞說其情由，勸導該番退緩，數向〔註10〕據他言及，唐古忒番商凡至我國地面並未阻擋，我披楞商人前往藏地通商，謂何不令前行之說，當用善言開導該番，非唐古忒不令你們商人經過他處，惟該番係屬天朝大皇帝子民，若不請示允准，不敢擅專令其越境，況該唐古忒縱有買賣，亦往內地交商生理，現往你方交商之人均係濫竽閒雜之輩，自帶資本營做買賣，譬如我布魯克巴亦係大皇帝屬民，納貢之人，亦不稟請具奏，不得擅派商人往做生意去後，據云你們若能派商行抵我國，與汝接交，為友之說，隨云此事有犯大皇帝法度，寔與我們性命攸關，不可如斯相論等情去訖，但思西藏乃修經佛國地面，不但教經恩廣，且各寺僧眾佛法通靈，兼以各處神靈護法，寔屬威顯，自能護祐，此項事件若能認真廣舉大善，諷經穰解，似此外藩未有不勸回本地也，刻下披楞之人就近，如何勸禁該番，現因西藏達賴喇嘛〔註11〕圓寂而諾們罕〔註12〕亦未揀放，此時應當寬緩等因開導去訖，今將掌辦之人若經揀放，即可毋庸再敘，若未接管任事，應請飭下迅速接管，以便請示開導外藩勸令回籍，尚祈施恩辦理，今懇者稟同前由，所有披楞言及此事，務於二月內定要回覆之說，今將回覆該國之事，若由本布屬地面具報緊急公件，未免長途窵遠，誠恐稽延時日，故派頭人親身赴藏聽候，披布兩家之事，不知成何好歹，實無所悔，若仍飭

三年戊申，乾隆五十六年辛亥，咸豐五年乙卯，均非庚申年。
〔註9〕中譯，《欽定理藩部則例‧西藏通制》作中譯，西藏大喇嘛主管文書信函的侍從，西藏噶廈設大仲譯二名，六品，小仲譯三人，七品。因布魯克巴與西藏為同一宗教，故職位亦多類似。
〔註10〕原文如此。
〔註11〕達賴喇嘛，指十二世達賴喇嘛。
〔註12〕諾們罕，此處指掌辦商上事務之大喇嘛未被揀放，清制，被揀放掌辦商上事務之大喇嘛清帝多賞加諾門罕名號以崇其地位，故此處以諾門罕代指掌辦商上事務。

－155－

令勸阻，不准該番越境者，惟布唐兩家尚屬一體同教，自應認眞辦理，不敢
稍存偏心，總望明示飭遵，以便辦理，或令布魯克巴地方褊小，不敢外藩，
令其他人各隨自便，亦即明白示知，請將回諭不到正月十五十六日以前飛速
飭遵，則沾恩典，伏乞在心，嗣後仍望保重金體，辦理國務諸臻興順，並懇
常賞指示教導等情，據此，查外番赴藏貿易，向有定章，豈能開修道路，任
意來往，本大臣恭膺簡命，鎮撫西陲，自當計出萬全，以期邊疆鞏固，誠恐
其中或有不虔不盡，使外番得以藉口，別釀釁端，相應譯行該呼圖克圖遵照，
迅速傳集噶布倫等公同妥爲籌議爲荷〔註13〕，設法阻止，於三日內具覆來轅，
以憑查核辦理，事關唐古忒要件，毋得視爲具文，任意延緩，切切，須至譯
行者。

譯行代辦商上事務濟嚨呼圖克圖〔註14〕，准此。

光緒二年正月　日

二、爲札委事

案據布魯克巴部長稟稱，敬稟者，伏思云云，並懇常賞指示教導等情，
據此當即譯行代辦商上事務濟嚨呼圖克圖，傳集噶布倫妥爲籌議，旋據覆稱，
唐古忒僧俗前具有誓詞甘結，向不准外番入境，今披楞屢欲修路來藏通商，
有礙佛教等情，據此，自應迅速派員禁阻，以期綏靖邊疆，本大臣查該糧務
熟悉邊務，精明諳練，堪以派委，隨帶前藏番官如琫、甲琫、兵丁等督同戴
琫扎喜奪結〔註15〕馳往布屬，相機彈壓，妥爲籌辦，除恭摺具奏並分札遵照
外，仰該糧務遵照，迅速束裝起程前往，務須設法禁阻，消患未萌，是爲至
要，以副本大臣委任之至意，仍將起程及辦理情形，隨時飛稟查考，切切勿
違，特札。

札西藏糧務周溱〔註16〕

〔註13〕原文作何，今改正。
〔註14〕代辦商上事務濟嚨呼圖克圖，指濟嚨呼圖克圖阿旺班墊曲堅參，光緒元年至
　　　光緒十二年任掌辦商上事務。
〔註15〕扎喜奪結，亦帕拉家族之貴族，後升任噶布倫，光緒十七年卒。
〔註16〕周溱，此次入布魯克巴，哲孟雄阻止英寇侵略之藏人扎喜奪結履歷稍清，同
　　　溱履歷待考。

三、爲譯行事

案查前據布魯克巴部長具稟，披楞頭人租地修路，來藏通商，當即譯行籌議在案，茲閱噶廈公所回覆夷信內云，唐古忒僧俗人等前具有誓詞甘結，向不准外番入境，今披楞頭人修路來藏通商貿易，有礙佛教等情，查該部長此次所稟各節，情詞懇切，大局攸關，非尋常往來交易者可比，若不迅速委員往辦，誠恐披楞猝然闖入，致滋事端，本大臣現派西藏周糧務隨帶前藏番官如琫、甲琫、兵丁等督同戴琫扎喜達結〔註17〕馳往布屬，相機彈壓，設法禁阻，消患未形，除恭摺具奏，並嚴飭布魯克巴部長先往開導，暨札委周糧務外，相應譯行代辦商上事務濟嚨呼圖克圖遵照，迅速傳諭噶布倫等飭委戴琫扎喜達結並揀派明白能事如琫、甲琫各一員，及兵丁等送交西藏周糧務，隨帶前往，以資彈壓，務於十日內起程，事關奏辦邊隘要件，毋得違誤遲延，切切，須至譯行者。

譯行代辦商上事務濟嚨呼圖克圖

光緒二年二月　日

四、爲具稟飛飭事

案據該部長稟稱，披楞頭人納爾薩海約至巴桑卡爾地方，迭次會晤，云及欲往西藏通商貿易，借道修路並議給地租錢五十千元外，另加錢三十千元，該部長再三推阻，披楞頭人不允，復約至本年二月內會面定妥，具稟懇求指示等情，本大臣查閱該部長回覆披楞各節，足見深明大體，不爲利欲所動，殊堪嘉尚，當即譯行商上妥爲籌議，旋據覆稱，唐古忒僧俗人等前具有誓詞甘結，向不准外番入境，今披楞厦欲修路來藏通商，有礙佛教等情，自應迅速禁阻，以期綏靖邊疆，本大臣現派西藏周糧務，隨帶前藏番官如琫，甲琫，兵丁等督同戴琫扎喜奪吉〔註18〕馳往該屬，相機彈壓，妥爲籌辦，消患未形，除恭摺具奏，暨分札遵照外，合行飛飭，仰該部長於奉文之日，立即起程，先往巴桑卡爾，與披楞頭頭人會晤，申明披楞向無來藏貿易之章，各守疆界，並諭以唐古忒地方關山險阻，乏產珍貨，且各習教不同，徒勞跋涉，不必修路來藏交易，設法阻回，妥爲了息，該部長與唐古忒昆連同教，唇齒相依，務當善言開導，始終如一，使披楞禁罷前議，不致另生枝節，以副本大臣奉

〔註17〕扎喜達結，即此次派遣入布魯克巴阻止英寇之戴琫扎喜奪結。
〔註18〕扎喜奪吉，即此次派遣入布魯克巴阻止英寇之戴琫扎喜奪結。

命鎮撫懷柔之至意，該部長如能實力遵辦，永靖邊陲，本大臣定當從優給獎，以示鼓勵，仍將先往辦理情形呈報該委員轉稟本大臣查考，切速，毋違，特札。

　　札布魯克巴部長。

五、奏爲披楞租地修路意欲來藏通商派員馳往會同設法禁阻恭摺具陳仰祈聖鑒事（光緒二年二月二十一日）

　　竊據布魯克巴部長稟稱，去年秋間披楞頭人納爾薩海寄來夷信數封，內云帶領從人在噶勒噶達奪結〔註19〕地方約會小部長至巴桑卡爾面商事件，小部長因披布兩家向無面晤之條，若不照來信前往，恐披楞人眾行至我境，難以接應，且乘間竄入藏地，爲害不淺，小部長無奈於去年十月內前往巴桑卡爾晤面。據披楞頭人云，噶爾薩嶺〔註20〕一帶地方，離藏尚近，就便欲往西藏通商貿易，你們若能開修道路，縱要若干工價賞需並應用器具，概能付給，除前議每年例給地租錢五十千元外，加增銀錢三十千元，務要依允修路通商，不得推諉等語，小部長即回覆布屬地方窄狹，人民稀少，素無膽量，兼之各處寺院時有水火災異，你處縱能發給工資賞需器具等項，我們實不敢認承修路，披楞頭人云爾屬若果不便開修，我們自有人修理，小部長又說布屬地僻山險，路徑叢雜，夏來漲水，冬出火，各路巖橋隨修隨塌，且百姓愚蠢刁惡，往往出頭生事，難以往來通商，披楞頭人又云，披布兩家和睦，嗣後遇有此等百姓即須速爲懲辦，我尚有要事往別處會議，明年二月內來此定妥，小部長在彼住站十餘日，多方開導，披楞頭人再再不允，起程去訖，現查披楞人等已將器械鳥槍等物預備齊全，並將奪結嶺各處河道添設浮橋，以便行走，所有哲孟雄前往卓木之路業經披楞予給哲孟雄價值賞需，現在修路，交易往來，暗中引進，但披楞因達賴喇嘛圓寂，商上乏人，是以借道通商，不識是何居心，實難阻回，懇乞奏明，小部長人等係天朝百姓，又與唐古特同教，自應盡心幫助，無奈地方褊小，不能抵敵披楞，務求迅速派人前來，指示辦理等語，奴才當即譯行代辦商上事務濟嚨呼圖克圖傳集噶布倫等妥爲籌議，旋據覆稱披楞向不同教，亦無來藏交易之章，今租地修路通商，居心叵測，與佛教大有關礙，懇乞作主等情前來，奴才查布魯克巴爲唐古特西南門戶，

〔註19〕噶勒噶達奪結，噶勒噶達即加爾各答，奪結應即大吉嶺。

〔註20〕噶爾薩嶺，當爲噶爾薩，嶺希兩地之簡稱。

與哲孟雄，披楞毗連，現據該部長稟稱，哲孟雄已認租修路，難免不暗中勾結引進，該布魯克巴彈丸小地，力弱勢孤，焉能阻止，而披楞必欲借道通商，若嚴加遏禁，恐披楞恃強激成他故，倘任其修路來往，日後必致釁端迭起，奴才再四思維，一面飛飭布魯克巴部長迅速屆期前往，與披楞頭人會晤，申明舊章，各守疆界，諭以唐古特地方山川險阻，乏產珍貨，且習教不同，徒勞跋涉，妥為解釋，不必修路來藏交易，並揀派熟習邊務精明諳練之西藏糧員藍翎知州用先前補用通判周溱，督同戴琫扎喜達結等隨帶通事，番弁，兵丁馳往布屬，會同相機彈壓，剴切開導，設法禁阻，並順至哲孟雄一體辦理，總期各守界限，彼此相安，庶可消患未萌，以冀仰副聖主慎重邊陲之至意，辦理如何情形，俟該委員稟報到日，再行奏聞，所有披楞租地修路，意欲來藏通商，派員馳往會同設法禁阻緣由理合恭摺具奏，伏乞太后皇上聖鑒，再奴才希〔註 21〕現因患病賞假調理，未便列銜，合併聲明，謹奏，等因，於光緒二年二月二十一日具奏。

本年五月二十九日接到軍機大臣奉旨，另有旨。欽此。

軍機大臣密寄駐藏大臣松，光緒二年四月十二日奉上諭，松奏披楞租地通商設法禁阻一摺，據稱披楞頭人現向布魯克巴部長租地修路，意欲來藏通商，松已派糧員周溱前往設法禁阻，並飭該部長妥為解釋，惟布魯克巴與哲孟雄毗連，哲孟雄既已認租修路，難保不暗中勾結引進，著松妥慎籌辦，相機開導，務令申明舊章，各守疆界，並飭周溱等剴切勸諭，勿任往來勾結，遂其詭謀，仍一面彈壓地方，不准滋生事端，該駐藏大臣接奉此旨，務宜慎密從事，毋得洩漏，以致別生枝節，將此密諭知之，欽此，遵旨寄信前來。（《松溎　桂豐奏稿》頁五）

六、委辦夷案知州用調管西藏周溱謹稟

大人大人閣下，敬稟者，案奉憲臺憲臺札開，據布魯克巴部長稟稱，去年披楞頭人納爾薩海等帶領從人約會在巴桑卡爾晤面，聲稱欲由噶薩〔註 22〕，嶺昔一帶地方來藏通商，發給工資教小的開修道路，除前議租錢五十千元外，另加錢三十千元，務必照允等語，小的在彼開導七八日，披楞薩海等再再不允，總要修路通商，現有事他往，定於明年二月內來此定妥，復聞披楞人等已將鳥槍

〔註21〕希，指希凱，同治十二年至光緒二年任駐藏辦事大臣。
〔註22〕噶薩，即前文之噶爾薩。

等件預備齊全，以備寬坝之用，並奪吉嶺〔註23〕各處添設橋梁，所有哲孟雄前往卓木之路業經披楞給予哲孟雄租價賞項，現在修路來往，哲孟雄與披楞連界，難免不爲引進，布屬地方褊小，難以抵敵阻回，事在緊急，是以專差具稟，懇求作主辦理等情，飭委卑職隨帶前藏如琫，甲琫，兵丁等督同戴琫扎喜達結馳往布屬，相機彈壓，妥爲籌辦，仍將辦理情形稟報查考等因，奉此，卑職遵即帶領漢番官兵，教習，字識，通譯人等由藏起程，抵江孜汛，向東轉南行走，沿途山路叢雜，人跡稀少，終日狂風不息，飛沙走石，隨差官兵等感受風寒瘴氣，半染疾病，勉強兼程前進，馳抵布屬扎喜曲宗〔註24〕，據業爾巴〔註25〕策忍彭錯回稱，披楞現派頭目薩海等前來，要修路通商，我部長已起身赴朋檔〔註26〕地方晤面，留我在此聽委員如何吩示，以便轉告遵照辦理，卑職當將奉^{憲臺}憲臺傳諭，向來定章，唐古忒隘口設有鄂博爲界，外番不得擅越，爾部長防守多年，尚稱妥善，此次如不能阻回披楞，不但前功盡棄，於爾部長亦有不便，且通商交易原爲以其所有易其所無，今唐古忒地方並不產奇珍異寶，番官百姓等賦性儉嗇，不識浮華，縱有美物，亦難銷售，徒勞往返，毋庸前來通商，況山路仄險，未奉明文，不得擅自開禁，任意修理，告知爾部長妥爲阻回，該業爾巴即赴部長處去，嗣該業爾巴轉回面稱，已告我部長知道，我部長隨與披楞頭目會晤，將奉諭一切轉說，披楞人等云稱，我們出地租工資修路，講通商和好，並無壞心，各處均可行走，西藏地方你部長屢次阻擋，是何情弊，我部長說從前有例不准外番過界，你國定要修路通商，我萬不敢應承，現有委員在此辦理，你們如不早爲轉回，就怪不得我了，披楞人等又說從來未聞有委員到你屬之事，你不必胡言，三日後定要回話，我部長即退回，教我前來轉稟，現在披楞勢大，出言不遜，布屬難以力爭，務懇妥辦等語，卑職再四籌思，恐該部長意存推諉，有誤事機，當派戴琫扎喜達結，教習書識馬光榮，張得恩等赴朋檔地方，向該部長剴切開導，申明^{憲臺}憲臺札諭，如果實心寔力阻回披楞，定必從優給獎，卑職將緞疋茶葉哈達羊麵等物發交書識等帶往賞給該部長，飭令迅速設法勸回，不准藉詞

〔註23〕奪吉嶺，即大吉嶺。
〔註24〕扎喜曲宗，位於今布魯克巴之首府延布。
〔註25〕業爾巴，即業爾倉巴，西藏噶廈所設管理糧儲之官員，噶廈之業爾倉巴五品，二人，布魯克巴之業爾巴亦類似。
〔註26〕朋檔，應爲布魯克巴與庫奇比哈爾接壤之地名，地望待考。

卸責，並聞署江孜汛守備馬勝富在奪爾溝催辦兵米，即調令星夜飛馳前往幫同勸化了息，卑職復傳該部長業爾巴面諭，迅往告知爾部長轉向披楞人等說，披楞修路來藏通商，其不便有三，披屬天氣春夏秋極炎熱，冬亦溫暖，人民衣皆單薄，西藏冬令嚴寒，朔風凜冽，雪厚冰堅，比戶圍爐熱火，尚不能避寒氣，夏間風勁，偶遭陰雨，即須挾纊披裘，水土惡劣，疾病叢生，非內地各省可比，一不便也，自噶薩嶺昔至藏，須過大雪山十數處，路徑崎嶇，人跡罕到，積雪終年不化，縱有工資賞項，亦非經年累月所能開修，與奪吉嶺地面不同，兼之野獸出沒無常，防範稍疎，即被其害，得不償失，二不便也，披楞供奉天主，西藏崇信佛教，各不相侔，由來已久，如披楞來藏通商，日久必建造房屋，傳布教道，商上查察難周，設有一二番民習從其教，被唐古忒訪聞，必嚴加究辦，而披楞欲廣招徠，亦必力為袒護，小則口角忿爭，大則逞兇聚眾，南墩之案，前鑒不遠，是初欲通商和好，日後反生無限煩惱，如謂僅止通商，不圖傳教，則日前業已詳言，唐古忒地方既不產奇珍，亦難銷美貨，枉費修路工資，乘興來敗興返，且違朝廷定章，有何益處，三不便也，至爾部長與唐古忒同奉一教，唇齒相依，歷有年所，若披楞來藏通商傳教，爾部長是否仍遵佛教，抑或另從天主，諒有成見，現在披楞亟欲借道來藏，不惜重利，誘以開修，所送爾屬租錢猶寄諸外府耳，將來披楞沿途節次安站，來往人多，恐有假道伐虢之虞，全歸他有，爾部長思及此否，曷不仰體兩欽憲大人保護黃教，撫綏布屬之苦心，速為設法開導阻止，令通譯用俗語譒傳數遍，該業爾巴猛醒體會，隨叩辭星夜前往，旋據戴琫等轉回，並部長來見面稱，此次蒙詳細示諭，同我意見相合，帶來賞物業已承領，即向披楞層次轉告，該外番等再三固執不允，經我百般講解勸諭十餘日，復饋送銀錢禮物，該外番等方說，既是藏中委員阻我，祇得依從，不便前往，須回國稟明，業經去訖，並聞去年納爾薩海及小薩海等百餘名帶領兵丁七八千人同東方打戰，盡行陣亡，諒一時不能再來等語，卑職以披楞人等反覆無常，雖經設法阻回，以後難免不復來，諭令該部長妥為籌議，遵照定章，永遠防守邊境，不准外番越界，庶可一勞永逸，據該部長云稱，布魯克巴始祖阿旺朗吉內有披楞三人渡海來至布屬，向頭目等面稱，我國兵馬頗多，你處若有仇人，我能代你報復等語，我始祖阿旺朗吉以外番初次來人，語言不祥，送給厚禮遣之轉去，迨十五輩部長 〔註27〕 任內，披楞又行抵布屬，即派人好言相

〔註27〕 十五輩部長，即《現代不丹》一書所載之竺克‧滕金，乾隆三十年至乾隆三

待，給予賞資送至噶哩噶達，嗣因布屬阿阿拉則，蚌格達〔註28〕二處不睦，互相械鬥，阿阿拉則抵敵不住，投歸披楞，我屬動兵失利，遂將過海叉等處失去，後哲孟雄牙巴，仔巴勾引披楞薩海等猝然由奪令卡〔註29〕行抵棟桑地方，聲稱欲見部長〔註30〕，前部長〔註31〕以向無私見外番之例不允其請，披楞薩海等即轉回，次年派兵前來，將膏腴平地盡行奪去，前部長派兵往抵，分作三路進攻，連打數仗，殺斃披兵數百名，奪獲大炮二尊，因該處春間天氣炎熱，兼之眾寡不敵，布屬兵丁亦有傷亡，披楞見事不好，遣人說和，前部長〔註32〕無奈派森琫〔註33〕，卓尼〔註34〕等往和議，定布屬失去地方概不退還，每年給租錢五十千元，各立和約罷兵，次年披楞來要大炮二尊，前部長不允，是年披楞祇給地租錢四十五千元，第三年披楞給地租錢三十五千

〔註28〕 阿阿拉則，蚌格達，待考。

〔註29〕 奪令卡，布魯克巴巴竹西南方地名，距巴竹不遠，今地圖上標有 Dorikha，似即該地，《清代西藏與布魯克巴》頁一六八載一山口名達嶺卡（dhalimkoto），是否為同一地待考。

〔註30〕 部長，指布魯克巴第十六任第巴昔打爾，即《現代不丹》一書所載之鎖南·倫杜普，自幼父母雙亡，出家為僧，師從貢噶仁欽（又稱強巴貝），累官至終薩奔洛，在受比丘戒時，得名索南倫珠，乾隆三十四年起任布魯克巴第巴，通過甘丹頗章及駐藏大臣請求清帝封賜，繼雍正年間之封號額爾德尼第巴號。乾隆三十七年，布魯克巴之屬部庫哈比哈爾內訌，昔達爾處置之，內爭一方求助於英印度公司，英印度公司督辦沃倫·黑斯廷斯（Warren Hastings）乃為一狂熱之殖民分子，借機出兵，敗布魯克巴，時昔打爾率軍與英兵戰，布魯克巴內之反對昔打爾者發動政變，昔打爾逃往西藏，政變之方公舉其師貢噶仁欽為布魯克巴第巴並轉稟駐藏大臣請清帝封其名號，清高宗允之。六世班禪斡旋於布魯克巴與英印度公司之間，簽乾隆三十九年英侵布魯克巴之條約，即今日稱之為《東印度公司和不丹之間的和平條約～一七七四》，條約之文本見本書附之條約，該部遂為英踞，黑斯廷斯並有趁機遣使博格爾（Bogle），特納（Turner）出使班禪之舉，謀與西藏之交通，然藏人稔知英寇之侵印度各國及布魯克巴之詭行，婉拒之。流亡西藏之昔打爾請西藏助其復位，然西藏慮布魯克巴之內亂，既封貢噶仁欽為布魯克巴之第巴，乃奏請清帝斥革其名號，軟禁於江孜，後昔打爾潛逃回布魯克巴，為布魯克巴捕獲而殺之。

〔註31〕 前部長，指布魯克巴第十六任第巴昔打爾。

〔註32〕 前部長，指繼昔打爾任布魯克巴第十七任第巴昔打爾之師喇嘛貢噶仁欽，昔打爾與英寇作戰期間布魯克巴發生政變，昔打爾流亡西藏，與英寇媾和並簽訂條約者為第十七任第巴。

〔註33〕 森琫，藏傳佛教大喇嘛身旁負責管理衣服，起居之侍從。

〔註34〕 卓尼，《欽定理藩部則例·西藏通制》作卓尼爾，藏傳佛教大喇嘛所設負責接待賓客，傳達命令之侍從，西藏噶廈設卓尼爾三名，六品。

〔十三年任布魯克巴第巴職。〕

元，前部長見披楞行為詭詐，當將一切緣由繕具信字專森瑋等至藏，懇求唐古忒作主，後接回信，僅[註35]送金子數包，緞子數疋，並未提明如何辦理之法，前部長祇得將大炮二尊退還披楞，每年任收租錢五十千元，泊前任部長管事之時，復將披楞窺伺唐古忒情形詳細具信，派中薩頭目[註36]等進藏，噶廈仍照前寄來禮物數種，亦未明白指示，前任部長見唐古忒屢次遇事不理，以後亦未通信，去年我因披楞薩海等約會在巴桑卡爾晤面，披楞欲由噶薩，嶺昔一帶修路來藏通商，我以黃教為重，邊界大事，親身勸阻七八日，披楞再再不允，我實無法，專人稟藏，接到噶廈覆信，一味美言，並無切實話語，奉蒙兩欽憲大人作主，奏派漢番大員前來辦理，感激之至，仰仗大皇帝洪福，布唐兩家神靈保祐，現已會商，將披楞阻回，地方清淨，惟布魯克巴為唐古忒門戶，係天朝百姓，世奉黃教，如同珍寶一般，豈肯棄擲，總要布魯克巴地方安，唐古忒方能相安，唐古忒安，黃教即可興旺，聞上年哲孟雄因阻擋披楞大薩海等不准過界，披楞大怒，與哲孟雄稱兵構釁，哲孟雄向唐古忒求救，唐古忒不但不允，反說哲孟雄惹事，令其自行取和，以致哲孟雄與披楞立有和約，至今通商來往，甚屬可慮，我布屬人等以為前車之鑒，此次奉漢番委員吩諭，以後披楞如來，眾必盡心盡力不惜人財設法阻回，保全黃教，奈布屬地方褊小，勢孤力弱，倘事到萬分危急之際，務要唐古忒設法幫助，前來救援，方可永久，如上憲作主，如唐古忒能應允有事互相幫助，眾即能永遠保守邊界，斷不敢借勢橫行，向披楞尋釁滋事，譬如椅子一樣，有箇靠背方覺穩當，並無歹心，倘上憲不能作主，唐古忒不允互相幫助，將來披楞阻擋不住，竄入藏地，大皇帝降罪之時，是唐古忒屢次坐視不理，不與布魯克巴相涉，有二位委員見證，卑職當即回覆，該部長所稱深明大體，以邊界黃教為重，計出完全，殊堪嘉尚，布唐唇齒相依，設有不測，唐古忒理應援手，庶黃教不致淪落，況兩欽憲大人奉命鎮撫西陲，必能嚴飭唐古忒遵照辦理，爾當認真防守，毋須多生疑慮，該部長復稱蒙諭兩欽憲大人能作主辦理，即以此言為憑，我認承永遠設法勸阻披楞，不准越境，免勞上憲捵心，總求詳細轉稟，懇請奏明，免日後推諉，隨繕具夷稟遞呈前來，卑職復賞給該部長及大小頭目等銀兩蟒緞綢綾布疋茶葉鹽酒等項，均深歡感，領謝而去。卑職查布魯克巴西南界披楞，西角界哲孟雄，東北界唐古忒，地方褊小，人民罔知禮節，素以鬥狠爲能，上年內亂頻仍，互相殘殺，以致披楞趁間奪去地方約十分之三四，每年收披楞地租錢元以做各項用度，該部長掌管以來，明白公事，認眞振作，尚稱安靜，此次專差具稟請員辦理，實因披楞定欲修路來藏，禁阻日久，勢必成仇，迭次具信唐古忒並未代籌善策，孤掌難鳴，不無怨望，是以卑職督同戴琫等相機彈壓，阻回披楞，並厚給該部長等賞賚，詳加撫馭，妥爲防守，面許稟明^{大人}_{大人}作主辦理以安其心，仰賴^憲_憲威，得以消患未萌，邊陲永固，該部長等保全大局，報效情殷，叩懇逾格施恩，賞准立案並給予獎敘，俾資久遠而昭激勸，至隨帶漢番員弁兵丁等程站口糧銀兩均已照數發給，入冊開報，並未擾纍番民，卑職即由小道赴哲孟雄查看，除將辦理情形再行稟報外，所有披布夷案督同戴琫等設法籌辦完竣及赴哲孟雄查看緣由，理合由五百里馳稟，以慰^{憲臺}_{憲憲廛}，伏乞^{憲臺}_{憲臺}俯賜察核批示袛遵，爲此具稟，須至稟者。

光緒二年四月　日

七、委辦夷案知州用調管西藏糧務周澡謹稟

^{大人}_{大人}閣下，敬稟者，竊卑職昨將督同戴琫等籌辦披布夷務情形具稟憲鑒在案，發稟後據代琫云稱，適接哲孟雄卓尼來信，披楞奪吉嶺薩海等現已行抵境內，聲稱欲進藏通商，我等勸阻不住，實在無法，袛得飛信通知，請代回周糧府作主辦理等語，卑職以事起倉猝，未便張皇，當密派代琫扎喜達結，教習馬光榮，軍功江海，前藏如琫白瑪策忍，江孜如琫四郎朗結，帕克里營官汪堆結布，甲琫頓柱策忍，貢布汪曲等面授機宜，先行馳往哲孟雄彈壓，飭令牙巴，匡子，卓尼，朗吉〔註37〕等迅速設法阻回，不准徘徊觀望，卑職隨帶外委馬正林，軍功馬應富，傳得貴等亦即兼程行抵哲孟雄。代琫，教習，如琫等前來迎接，云稱已遵諭嚴飭匡子，卓尼等將披楞薩海再三開導勸阻，於今早起程回奪吉嶺去訖，旋見該部長牙巴，匡子，卓尼，朗吉等，據匡子，卓尼回稱，部長嘴唇殘缺，語言不清，懇求吩示我等以便轉告遵照等語，卑職當將奉^{憲臺}_{憲臺}札，據布魯克巴部長具稟，披楞給予哲孟雄價租賞項，現在修路來往引進等情，是以前來查辦，昨披楞薩海等又來祖木拉，如欲赴藏通商，

〔註37〕牙巴，匡子，卓尼，朗吉，此處所列之四名稱除卓尼應爲卓尼爾之謂外，其餘三名稱待考，其中匡子卓尼常一齊出現，故有當作一個名詞者，待考。

雖經設法阻回，究係是何情弊，爾部長須明白回覆，該匪子，卓尼等稟稱，哲屬彈丸之地，與披楞連界，頭輩部長朋錯朗結〔註38〕創建寺院，修理各寨，供奉黃教，數十載相安無事，迨道光初年，哲屬頭目過叉〔註39〕將奪吉嶺地方私自獻與披楞，前部長〔註40〕動兵爭鬥，未能取回，嗣後披楞每來騷擾，至同治年間，披楞今薄薩海等由廓爾喀轉回，直抵唐古忒隘口，定要進藏，前部長〔註41〕再三阻擋不住，具稟噶廈，接到回信，內云務須設法阻回，倘若披楞過界，爾等性命難保等語，前部長無法，教人將薩海等逐出界外，披楞大怒，派兵來剿，將哲屬西邊七處膏腴之地盡行佔去，前部長飛稟噶廈，未蒙批示如何辦理，次年披楞又興兵欲奪白瑪央增〔註42〕地方，前部長傳齊頭目百姓等在寺內盟誓，我屬美地已被披楞佔去，現在出產甚少，難以度日，不如捨命同他決一死戰，眾人應允，奮勇當先，殺敗披楞，將失去七處地方概行取回，一面具稟噶廈，懇求借兵幫助，旋接噶廈回信內云，披楞大國，哲孟雄小國，何苦以小犯大，飭令自行取和，不必生事等語，前部長以唐古忒既不肯幫兵，理應派人前來解散，即不肯派人解散，亦當照會布魯克巴鄰封幫同勸說，披哲現在相爭，焉有自行取和之理，實在無奈，祇得遵照向披楞求和，議定所有此次取回七處地方仍歸披楞管轄，每年由披楞給地租洋錢六千元，嗣後來往通商不得阻攔，各立條約〔註43〕和好，稟明噶廈有案，次年前部長〔註44〕因〔註45〕百姓實在窮苦，親身進藏，面求諾們罕，蒙噶廈賞給銀四十秤〔註46〕、茶五十包，每年撥給青稞一千克以作津貼，前部長回哲後，細思失去地方每年出息約值洋鈔五十餘千，今僅收錢六千元，萬難敷用，

〔註38〕 朋錯朗結，即《山頂王國錫金》一書所載之哲孟雄第一任部長蓬楚格・納姆加爾，一六四二至一六七〇在位，其統一哲孟雄部落，定都域松（Yuksom）。

〔註39〕 過叉，應為哲孟雄大吉嶺地方之土酋，履歷待考。

〔註40〕 前部長，似即《山頂王國錫金》一書所載哲孟雄第七代部長楚格普德，乾隆五十八年至同治二年任哲孟雄部長。

〔註41〕 前部長，似即《山頂王國錫金》一書所載哲孟雄第七代部長楚格普德。

〔註42〕 白瑪央增，似為哲孟雄著名之白馬楊青寺（Pemayangtse Monastery），因該地距哲孟雄此時之首府拉達孜（Rabdentse）甚近，故以該寺代指哲孟雄首府拉達孜（Rabdentse）。

〔註43〕 條約，似指咸豐十一年英印侵略哲孟雄所簽之條約，然於英印集結出版而繙譯之條約內並無英寇給租六千元之說，此或即殖民主義分子篡改歷史檔案下流做法所致也。見附八。

〔註44〕 前部長，似即《山頂王國錫金》一書所載哲孟雄第八代部長西德凱翁。

〔註45〕 此處補一因字。

〔註46〕 原文誤作秤，今改正。

復向披楞好言請益，初允加增錢三千元，說之至再，又加增錢三千元，現在每年收租錢十二千元，去年披楞欲由哲屬進藏，我等即知會帕克里營官轉稟噶廈，本年四月披楞薩海等又來，聲稱進藏，遵奉漢番委員示諭，設法阻回，以後情形不可測度，我屬蕞爾之區，人心半向披楞，勢力不敵，實難保守，求唐古忒賞一分莊田，我部長情願退守誦經納糧當差，所有哲孟雄地方請噶廈派人前來防守，俾免日後獲咎，務懇賞准等語，卑職當諭該匡子，卓尼等，哲孟雄係爾部長發源之地，豈可拋棄出奔他鄉，既與披楞立有和約，勢難更改，別激釁端，爾屬地方從前失去者，概毋庸議，現存者尚可力圖保守，亟宜固結人心，恐懼修省，遵照定章，永遠防範邊界，不准畏難苟安，藉詞卸責，如能實力奉行，當稟請兩欽憲大人從優給獎，該匡子，卓尼等回稱，蒙嚴諭保守邊界，我屬以黃教為重，曷敢不遵，倘萬分危急之時，總要上憲作主，唐古忒前來幫助，切不可同從前一樣遇事袖手旁觀，口許虛詞，並無實惠，且百姓實係窮苦，難以度日，亦求唐古忒憐憫，卑職復諭該匡子，卓尼等哲孟雄地方雖小，亦係藏中門戶，設有不測，唐古忒斷難漠視，況此次番官等目睹危疆，亦必激發天良，面呈噶廈設法，爾等告知部長空言無補，須出具永遠防守邊界稟結，方足憑信，至爾屬掣肘情形，自當稟明兩欽憲大人，飭令唐古忒妥為籌畫，毋庸懷疑顧忌，再三開導，該部長，匡子，卓尼等始繕具稟結呈遞前來，卑職酌賞該部長及匡子，卓尼，頭目等銀兩蟒緞湖縐紬綾茶葉緞靴羊酒鹽麵等物，飭令外面修好披楞，內和布魯克巴，共守唐古忒邊界，一切照章辦理，毋得挾嫌偏聽，自招欺侮，該部長，匡子等涕零稱謝，領賞去訖，卑職查哲孟雄所屬較布魯克巴更形褊小，自失奪吉嶺等處以後，與披楞議和通商，勢不能令其拒絕，布魯克巴部長具稟事出有因，現在所餘地面半係瘠土荒山，出產稀少，人民困敝，且該部長年幼不諳諸務，全賴牙巴、匡子、卓尼、朗吉等竭力贊襄，支持大局，目擊衰微，實難挽救，合無仰懇鴻慈，賞准作主，並給予該部長，匡子，卓尼等獎敘，俾資鼓勵而固邊陲，卑職即於十五日起程趕站回藏，至在事漢番員弁，字識，通譯，兵丁等奔馳化外，歷盡艱辛，或勸導勤能，不避嫌怨，或繙譯通達，任事實心，卒使不動干戈，邊疆永靜，均屬著有微勞，容俟開具清單，分別擬懇恩施外，所有查看哲孟雄情形，辦理完竣緣由，理合由五百里飛度稟憲臺憲臺俯賜察核，批示祇遵，為此具稟，須至稟者。

　　光緒二年五月　　日

八、爲恭錄移咨事

竊照看本大臣松於本年二月二十一日具奏，爲披楞租地修路，意欲來藏通商，派員馳往會同設法禁阻一摺，當將奏稿抄咨在案，茲於本年五月二十九日奉到批迴，軍機大臣奉旨，欽此，並奉密諭一道，未便恭錄，相應移咨，爲此合咨貴院，請煩欽遵查照施行，須至移咨者。

右咨

理藩院

光緒二年閏五月　　日

九、奏爲委員阻回披楞邊界一律安堵恭摺馳奏仰祈聖鑒

竊奴才前於二月間因布魯克巴部長歐柱汪曲〔註47〕稟稱披楞欲租地修路入藏通商，當即派委前藏糧員周溁同戴瑋扎喜達結等隨帶通事弁兵馳往布哲一帶，會同該部長相機彈壓，設法阻止，業經奏明在案，於五月二十九日接奉諭旨，飭令奴才妥愼籌辦，毋得洩露等語，仰見聖明在上，洞燭萬里，當即遵旨飛飭周溁，令其悉心安籌，剴切勸諭，申明舊章，各守疆界，務將該夷阻回以安邊境，亦不可施之太猛，激成事端，旋據稟稱，自藏起程後，沿途層巒疊嶂，山路崎嶇，加以瘴氣風寒，頭暈作痛，力疾馳至布魯克巴，接見該部長歐柱汪曲，會商二十餘日，面令通事詳細傳諭，見該部長諸事明悉，頗知大義，據稱惟因布屬彈丸，披楞強悍，勢不得不與彼善處，而該夷時欲入藏通商，雖經連年具稟駐藏大臣以及商上，均蒙溫諭勸勉，從未委員來辦，亦未示以定章，是以該夷日行驕縱，欲肆饕餮，竟有不可遏之勢，幸蒙委員來辦，藉有主持，人心大定，實感再生之德無既矣，當經周溁重加賞賚，善言勸勉，令與披楞頭人納爾薩海會見，百般開導，告以各奉一教，實難共處，而唐古忒之地向不出產奇珍，無足易貨，今經奏派委員到此，申明舊章，各安邊界，勿得再舉此意，諸多不便，力勸數日，該夷始猶未信，既而得悉，乃云既係向無是例，又有委員來阻，祗可依允，率眾而回，周溁令將邊界鄂博石堆逐一添補，以清界限，並諭該部長等好好固守候札遵行，遂轉程至哲孟雄接見該部長吐多朗結〔註48〕，見其人亦明白，而是地比較布屬

〔註47〕歐柱汪曲，即《現代不丹》一書所載之基澤爾巴・多爾喬加爾，同治十三年至光緒四年任布魯克巴第巴。

〔註48〕吐多朗結，即《山頂王國錫金》一書所載之哲孟雄第九任部長圖托布，同治

窮瘠尤甚，勢不得不與披楞立約認租，瀝請做主，方可固守，而另股披楞到哲，亦經該委員等善言阻回，並勸諭該部長，令其固守，優加賞賚等因，奴才立即嚴札該部長等令其固守邊界，彼此相安，不准私行出入往來勾結，亦不可藉有所恃，尋仇滋事，如能始終如一，必將爾等格外鼓勵，奴才伏查商上情形，惟知奉佛念經，於一切事務諸多畏難，觀望退縮，以致外夷深悉日驕，竟置布哲之門戶而不問，若非此次查辦，幾起邊釁，該委員周溁精明練達，辦事詳慎，與戴琫等均能耐受煙瘴，辛苦備嘗，尤能不動聲色消患未萌，實屬著有微勞，該弁兵等亦能當差用命，險途跋涉，其所用賞需以及漢番官兵口糧均准於藏餉內作正開銷以示體恤，除該弁兵等由奴才酌量鼓勵外，謹將委員周溁等另繕清單恭呈御覽，伏候恩施，以昭激勸而策將來，並請將布魯克巴部長歐柱汪曲，哲孟雄部長吐多朗結一併賞給虛銜，以結其心而廣皇仁，可否之處，出自逾格鴻慈，所有奴才委員阻回披楞，邊界一律安堵並擬保出力人員緣由恭摺馳奏，伏乞皇太后，皇上聖鑒，再奴才希病尚未痊，奏請開缺，是以未便列銜，合併聲明，謹奏，請旨等因。於光緒二年閏五月十九日具奏。本年八月二十一日途次羊八井〔註49〕接到軍機大臣奉旨，另有旨，欽此。

謹將在事出力漢番官員敬繕清單恭呈御覽，伏候恩施。

前藏糧員藍翎提舉銜知州用候補班前先補通判周溁擬請賞換花翎。

署江孜汛守備綏定營把總馬騰富，千總銜譯字房教習馬光榮二員均擬請賞換五品頂戴。

四品花翎後藏戴琫扎喜達結擬請賞換三品頂戴。

五品頂戴後藏如琫頓柱策忍，五品藍翎江孜如琫四郎朗結，五品頂戴帕〔註50〕克里營官汪堆結布三員均擬請賞換四品頂戴。

六品頂戴前藏甲琫扎喜策忍，後藏甲琫貢布汪曲二員均擬請賞換五品頂戴。

布魯克巴部長歐柱汪曲，哲孟雄部長吐多朗結均係喇嘛，擬請賞加總堪布銜。

書識王松榮、高介壽、梅信臣、趙鑫、張肇霖五名均擬請以從九品歸部

十三年至中華民國三年任職。

〔註49〕羊八井，《欽定理藩部則例·西藏通制》載其名亦爲羊八井，即今西藏當雄縣羊八井鎮。

〔註50〕原書誤作伯，今改帕。

選用。

其餘漢弁兵丁均由奴才記名酌量拔補，番弁兵丁酌給頂翎執照，以示鼓勵。

軍機大臣字寄駐藏大臣松，光緒二年七月初四日奉上諭，松奏披楞屢欲通商，設法阻止一摺，披楞納爾薩海等前來布魯克巴、哲孟雄各部意欲租地修路，入藏通商，均經松飭令委員勸諭阻回，辦理尚妥，仍著該辦事大臣加意防維，諭令該部長等固守邊界，以期彼此相安，毋任勾結滋事，所有此次出力之通判周溱著賞換花翎，把總馬騰富等二員均著賞換五品頂戴，戴琫扎喜達結著賞換三品頂戴，如琫頓柱策忍等三員均著賞換四品頂戴，甲琫扎喜策忍等二員均著賞換五品頂戴，布魯克巴部長歐柱汪曲等二員均著賞加總堪布銜，書識王松榮等五名均著以從九品選用，餘著照所議辦理，將此由四百里各諭令知之，欽此，遵旨寄信前來。（《清代藏事奏牘》頁四一七）

十、爲移咨事

竊照本大臣松於本年閏五月十九日具奏，爲委員阻回披楞，邊界一律安堵一摺，除俟奉到諭旨，再行恭錄移咨外，所有摺稿相應抄錄移咨，爲此合咨貴院、部、督部堂，請煩查照施行，須至咨者。計咨摺稿一件，清單一紙。

右咨
理藩院
吏部
戶部
川督部堂
光緒二年閏五月　　日

十一、布魯克巴掌教部長具稟

西藏辦事各位噶布倫閣下，爲具稟事，竊將昔年披楞面晤布魯克巴情形及因不睦爭鬧理說和息擬立和約，現在相安情由以及將來唐布兩家黃教務要協同振興等各事件一併申訴，緣因從前布魯克巴之佛沙布隆阿旺朗吉在生時，大海外補度卡地方之披楞女王派來之人三名及從役等渡海由披屬一帶來至布魯克巴補湯〔註51〕地方，與佛爺遞送禮物，言及佛爺如有仇患，我們地

〔註51〕補湯，似即布姆塘。

方兵廣，自能相助等語，佛爺因思披楞之人若到藏地，實屬不好，當即與伊等重送禮物，勸阻回籍，起至十五輩歷任部長〔註52〕止，不但並無來往，且無一語，至部長昔打爾〔註53〕任內時，披楞人等即到噶里噶達成業，彼因爭論交界巴桑卡爾地方，部長吉美森根〔註54〕任內差派甲仲洛布白噶前往噶里噶達理說，該薩海三四人帶兵來會布魯克巴頭目，行抵布地水岸時，當經布魯克巴官員會商，言外番披楞之人來至布地不好，備送緞疋等物以撫他心，仍行勸阻回噶里噶達地方，至十六輩部長〔註55〕止亦無言語。所有我們布魯克巴邊界地方，初失披楞之根緣，自有布魯克巴終薩地方以來，東有七處地方與烏翁熱咱國〔註56〕昆連，稍須給租，邊界地土人民等自行管束之時〔註57〕，東邊棒噶納熱咱國〔註58〕欺負烏翁熱咱，將邊界地方全行劫奪，該伊驅逐別地，該烏翁熱咱實心不服，前往噶里噶達，投與披楞，帶領披兵奪去東邊七處地方，即到相近曲木陸的水〔註59〕之外岸，有葛爾哈朱〔註60〕地方棲住，此係布民所作，將東邊各處地土暫且該伊霸佔，當時部長〔註61〕吩諭迤東各官員派兵攻打時，祇能冬間進剿，如致夏天暑大，我布魯克巴實難住紮，因此其間專人備財說和，將邊界地方仍復退還。之後部長普結〔註62〕任內，該葛爾哈朱人等云及，披楞薩海等欲往會晤布魯克巴官員之面等語，若外藩之人由布地入藏，實屬不宜，囑伊勿庸前來去後，亦不依從，恐伊滋事，尚難阻擋，該薩海數名及兵丁等由東方巴桑卡爾前來，行抵布地，會見

〔註52〕 十五輩歷任部長，《現代不丹》載布魯克巴第十五任部長名竺克·滕金，乾隆三十年至三十三年任職。

〔註53〕 部長昔打爾，見注釋三十。

〔註54〕 吉美森根，即《清代西藏與布魯克巴》一書所載之布魯克巴第十八任部長吉美森格，乾隆四十一年至五十三年任職。

〔註55〕 十六輩部長，即昔打爾。

〔註56〕 烏翁熱咱國，即今所謂阿薩姆者，見《清代西藏與布魯克巴》頁一八九。

〔註57〕 此處之語意似難理解，豈有政府給地方之租者，據其他資料知，實情的確如此，本段之意為終薩以東與烏翁熱咱國相連之七處地方為布魯克巴之屬部，布魯克巴為取得該地，每年稍給地租於該地，而其地土人民自行管束。

〔註58〕 棒噶納熱咱國，即今所謂孟加拉者，見《清代西藏與布魯克巴》頁一八九。

〔註59〕 曲木陸的水，待考。

〔註60〕 葛爾哈朱，似即庫奇比哈爾。

〔註61〕 當時部長，似即布魯克巴第十六任部長昔打爾。

〔註62〕 部長普結，《清代西藏與布魯克巴》作普傑（曲吉堅贊），曾兩次出任布魯克巴第巴一職（一八二三～一八三一年，一八三五～一八三八年），此部長任內英人彭伯頓（Pemberton）出訪布魯克巴無果。

部長，隨經寬行賞號，由西阻回噶里噶達本地。又部長奪吉洛布〔註63〕任內，因查我屬邊界百姓作亂投與披楞，將東方七處地方被葛爾哈朱屬下披楞佔踞〔註64〕，我們意欲奪回，奈僅可多間爭戰，如到夏天暑熱正大，實難受暑，是以不得不設法說和，專派替身〔註65〕古咱閔柱朗結及噶旺噶沖，噶旺噶多馱帶緞疋財帛等項前赴葛爾哈朱處理說，該伊不能了結等語，自東方葛爾哈朱轉赴西方噶里噶達，經過四十站之路，並受水暑之苦，即到噶里噶達，住坐一年，面晤納爾薩海，說其此番情形，伊言我們披楞之規，所奪地方不能退還，令取地租洋錢三十弔，奈該葛爾哈朱將東邊七處地方之租袛給洋錢十弔，已收二十五年之久。至部長朋錯朗結〔註66〕任內，布魯克巴終薩逹洛每年例收西邊布屬界地帕納噶扎〔註67〕地方地差洋錢二千元，藉因披楞佔奪，將地差亦不交納，至本布屬邊界並迤西各處界地，若派布魯克巴之人前往辦事，不服暑熱，勢難派往，而邊界昆連外番地方，辦事之人不得不靠能受暑熱邊外之人經理，該披屬不肖之徒等在彼搶劫財帛，貽禍於布魯克巴，因此紛爭，於甲子年〔註68〕部長噶舉〔註69〕任內時，由西邊奪令卡一帶有哲孟雄之牙巴，仔把〔註70〕勾引披楞倚珍薩海〔註71〕及同行薩海二名，隨帶披兵數人等前來，該伊背夫均係哲孟雄之人，我們隨即帶信，就在布屬西邊督令卡〔註72〕住候，我處派人前去理說，去後該伊不肯住彼，尚且不在海地〔註73〕，及巴竹，扎喜曲宗等處地方守候，直至布魯克巴綳湯〔註74〕地方時，布魯

〔註63〕奪吉洛布，《清代西藏與布魯克巴》作多傑諾布，為布魯克巴第三十六任第巴。
〔註64〕原文誤作距，今改正。
〔註65〕替身，即代表之意。
〔註66〕朋錯朗結，《清代西藏與布魯克巴》作頓珠（彭措南傑，納孜巴桑），為布魯克巴第四十三任第巴。
〔註67〕帕納噶扎，即法拉卡塔（Falakata），為印度西孟加拉邦 Jalpaiguri 縣一城鎮。
〔註68〕甲子年，即同治三年，西曆一八六四年。
〔註69〕部長噶舉，即《現代不丹》一書所載之噶舉‧旺楚克，同治三年內任布魯克巴第巴。
〔註70〕仔把，待考。
〔註71〕倚珍薩海，即阿什利‧艾登（Ashley Eden），同治三年率使團強行進入布魯克巴，以佔領布魯克巴之領土帕納噶扎威脅布魯克巴簽約，為晉美南傑拒絕，布魯克巴令其簽另一條約，艾登欺布魯克巴不識英文，於條約上用英文暗寫被迫二字，狼狽逃回，隨之發動於布魯克巴之侵略。
〔註72〕督令卡，即前文之奪令卡。
〔註73〕海地，即哈宗，見《清代西藏與布魯克巴》頁一五八。
〔註74〕綳湯，似即布姆塘。

克巴各上司商議，雖設法開導勸回，惟因布魯克巴之人從前曾未與披楞交
涉，且又不識規禮，因此該番心中不遂，仍行轉回噶里噶達，之後於乙丑年
〔註75〕部長策旺斯吐〔註76〕任內，將外番進兵尋釁，將本布屬邊界及巴竹所
屬邊界等八處地方奪去，並達令卡〔註77〕營官寨攻破，僧人俱皆敗散，仍將
營官寨拆毀，屬下眾民伊自行管束，各處地土概行霸佔，隨進布魯克巴山溝，
該番係由東面山溝前來，布魯克巴上司眾皆會商，查外番不但邊界各地奪
取，難免復欲進攻本布地方，是以不得不堵剿一次，曾經本部由棟浪〔註78〕
及巴桑卡兩路進兵，又仁緔〔註79〕之兵由桑孜〔註80〕前進，又東終薩之官
兵由棟桑〔註81〕進兵，官兵等各自戰敵，該披楞薩海兵丁等不能抵敵，我
們布魯克巴追剿得勝，搶奪砲位二尊，將伊所帶器具物件多半棄擲，該番退
至平壩紥營，數處堵敵，而布魯克巴各兵因由山溝行走十四五天之程，亦不
能兩相幫助合攻，到至熱天不服暑熱，身故甚多，祇得尋覓涼地支下帳房住
歇，嗣到寒天九月內，欲行派兵復攻他處，派有薩海納多由巴桑卡前來，云
及說和，議給地租等語，我們布魯克巴此一次依從該番之意和息，將來不睦
之時自必爭競，那時無悔，暫且說和，我處噶廈內揀派森琫及卓尼爾二人赴
巴桑卡，蘇賽浪熱邦〔註82〕之地，披布會集理論，據云該番派來商議，擬
給地租，本年初立和約，議給地租洋錢六十串，以後每年擬給洋錢五十串之
說，暫時不能不從，該森琫，卓尼二人轉回之後，該番提說前曾東面你們奪
去大砲二尊去，大砲二尊仍復退交等情前來，我們布魯克巴言及戰奪之砲不
能退還，互相紛爭，因此藉口隨時未退，短交地租洋錢四十五串，第二年又
短交洋錢十串，第三年短少五串，以致如此未提，況我們布魯克巴官員會商，
揆思我們布魯克巴與披楞兩相爭鬧，倘再過界，恐無該外番之人貽害彿國修
經之地，殊難逆料，譬如一處不安，百處難安一般，且我布唐兩家教同一
體，與唐古忒商上不得不稟明，至將來有何好歹，以便稟知之意，曾於乙

〔註75〕乙丑年，即同治四年，西曆一八六五年。
〔註76〕部長策旺斯吐，即《現代不丹》一書所載之策旺·希土普，同治三年至四年
　　　　任布魯克巴部長。
〔註77〕達令卡，即前文之督令卡，奪令卡。
〔註78〕棟浪，待考。
〔註79〕仁緔，即巴竹。
〔註80〕桑孜，待考。
〔註81〕棟桑，待考。
〔註82〕蘇賽浪熱邦，待考

丑年〔註83〕披布爭鬧時，我處專派替身格隆墨躲仁青及業巴之老小娃等赴藏，始終好歹一切苦楚情形稟明商上諾們罕〔註84〕，噶布倫等，並未提敘後事如何舉行，賞給金子數包，及緞疋等項以作唸經之資等語，此外亦無此事作何辦理回覆，嗣由終薩地方復派曲卡巴朗結赴藏，即向諾們罕，噶布倫等處稟訴披楞情形時，稍為賞給唸經財資，並無理事，亦無寄到如何辦法回信，之後又由藏中派委柱巴湯結青巴〔註85〕及拉隆喇嘛〔註86〕等前來，但思布魯克巴與披楞互爭之事，即如布唐不睦一般，商議令部長〔註87〕及終薩遴洛〔註88〕來至唐古忒邊界會晤該喇嘛等語，因此拖延，嗣於丁卯年〔註89〕老部長〔註90〕充當副終薩遴洛時，部長〔註91〕及眾喇嘛等公同與藏中欽憲大人〔註92〕暨諾們罕，噶布倫等處修稟，交副遴洛〔註93〕赴藏申訴一切情形，實因布唐兩家佛教務要協同振興之事，但將來布魯克巴地方不安之時，唐古忒地方尚難安靜，此次我們地方皆被該番侵佔，應收地租不能按照從前該伊議定之數全收，若唐古忒幫助布魯克巴時，豈有不能抵敵外番之人等各情形，派令副第巴遴洛〔註94〕前往與達賴佛爺及諾們罕並欽憲二位大人以及噶廈等處遞具夷稟，而副遴洛敬送禮物去後，不但此事未蒙辦理，亦且該差到彼無人照料，即行飭回，該差由東轉回，其應覆回信雖由西路遠道寄到，彼時

〔註83〕 乙丑年，即同治四年，西曆一八六五年。
〔註84〕 商上諾們罕，指十二世達賴達賴喇嘛之正師傅卸任甘丹池巴羅布藏青饒汪曲，同治三年至同治十二年任掌辦商上事務。
〔註85〕 柱巴湯結青巴，柱巴即竹巴或主巴，指布魯克巴第九輩活佛旺密帕木吉克梅納木結勒（一八二三～一八八三年）《番僧源流考》。
〔註86〕 拉隆喇嘛，拉隆寺位於西藏自治區山南地區洛扎縣，靠近布魯克巴，即前文所說之西藏東南面由布魯克巴境內可通披楞邊界之達隆寺，拉隆喇嘛為指拉隆寺松智活佛。
〔註87〕 部長，似即《清代西藏與布魯克巴》一書所載之布魯克巴第四十七任第巴次旺喜圖。
〔註88〕 終薩遴洛，即黑面部長。
〔註89〕 丁卯年，同治六年，西曆一八六七年。
〔註90〕 老部長，似即《清代西藏與布魯克巴》一書所載之布魯克巴第五十任第巴多傑南傑。
〔註91〕 部長，似即《現代不丹》一書所載之宗杜‧佩卡爾。
〔註92〕 欽憲大人，時駐藏大臣為景紋，恩麟。
〔註93〕 副遴洛，似即《清代西藏與布魯克巴》一書所載之布魯克巴第五十任第巴多傑南傑。
〔註94〕 副第巴遴洛，似即《清代西藏與布魯克巴》一書所載之布魯克巴第五十任第巴多傑南傑。

事未成就，復思以後我處再如何具稟，實難接奉定准覆論之想，自彼起至乙亥年〔註95〕止，並未稟瀆，乙亥年因納爾薩海云務要部長來至巴桑卡爾與伊會晤等語，是以具稟欽憲二位大人〔註96〕及噶廈等處，尚未接到回覆，其赴往巴桑卡面晤披楞，僅以會面，亦無別故，何須瑣瀆，必不具稟，奈該外番一味言及准由噶薩，嶺昔一帶開路通商之說，隨即接連七八日如何理論開導勸解，實難勸阻，惟唐布兩按同教一體，實心不忍，始與欽憲大人及噶布倫等處修稟專派策忍彭錯呈投，當蒙欽憲大人委派替身糧府及隨員等官，由噶布倫等派來戴瑲，如瑲等，業經行抵布魯克巴本地，惟部長料想二位委員前來，將始終事體如何行止，必有詳細明示之望，隨同糧府，戴瑲會商如何辦理之時，委員奉派，緣因披楞於二月內定要確實回信等情，始耳派往查辦，此外現未奉有如何定局之示，當由糧府，戴瑲二位飭令部長自須籌量，目前作何則好，以後如何則妥，必須商議，總能准行等語，部長揆思披楞情形究竟實難猜測，本年總薩海仍復派有薩海頭目人等來至邊界，提敘去年之事，隨經部長遵照漢番嚴諭，設法仍行勸阻回籍，此情糧府，戴瑲深知，上司自能洞鑒，且查外番之人他方相安之時，藉故無中生有，恣意得尺進丈，若伊不便之時，前提之事停壓數年不理，此等行為殊難逆料，我們如何議定，目前作此可安，將來如此可妥，雖不便回訴，而糧府，戴瑲二位乃係欽憲大人及噶布倫等之替身，如同耳目一般，今蒙行抵本地，不然唐古忒官員實難速行來至我處，且我們離藏窵遠，尚難派人赴藏，況該外番之人與布魯克巴相隔兩日路程地方住居，但布唐兩按佛國地面之城，乃係我們布魯克巴之人，目今我們布魯克巴不安，即如佛國地面不安，均必貴處洞鑒之中懷，我們從前至今將布唐兩按黃教眾皆珠寶一般，自有力量之人財勢力三項，僅以盡心竭力，設法阻擋勸解回籍，實有此意，並無壞念，以後該番不提開修路道之事，託蒙大皇帝鴻恩，亦無所稟，設或復提前事者，我們自當設法開導，或納財帛，若能勸助之處，實係有心勸阻回籍，本無置之不理之意，倘若再四開路通商前來者，我布魯克巴地方偏小，勢力難阻，萬分無奈之事，務念布唐同教，大局緊要，貴處實能幫助，設法相顧，如蒙允諾，係為黃教事體，我布魯克巴不顧性命之虞，必能出力，若照從前無論如何稟懇，始終事件作何舉止，亦無可定批示之處，我們祇有各自守分，與外番不能硬行抵敵，況

〔註95〕 乙亥年，即光緒元年，西曆一八七五年。
〔註96〕 二位大人，指駐藏辦事大臣松溎和幫辦大臣希凱。

外番大國之人，我們布魯克巴勢難作對，任該外番隨便，倘後外番竄入藏內，貴處各位上司必須恭摺奏明大皇帝，若果查詢外番之人由何處竄入藏中之時，聲明由布魯克巴地方入藏，必派委員前來查辦，彼時我們將乙亥年〔註97〕起至丙子年〔註98〕止與唐古忒商上隨時情由屢次具稟貴處，各位官員並未回覆，不肯幫助，以致如斯懈怠，必得彼時回訴，大皇帝自能曲直攸分，請勿使其如斯，務懇顧念布唐兩家終久事件，勿使外番貽害，如能顧持黃教大體，照如所請辦理者，我處與披楞相近，所有一切苦楚情形，業經詳訴糧府、戴琫，二位均皆深悉，至此項情節，由二位委員面稟，務懇作主，且我們布魯克巴總能顧念布唐兩幫佛教大體，以後必能永遠保守邊界，該外番若再前來提說前事，或能阻擋，或應開導勸回之處，本係黃教政務，設出萬全之計，竭力阻擋，並不能拋棄不理，誠恐外番富饒勢強，實難抵禦，欺佔前來時，惟藏中不使我們勢孤，幫兵相助，妥為設法，協同辦理，可否允准，亦或不准之處，速賜回諭施行，為此於丙子年三月二十六日布魯克巴扎喜曲宗地方具稟。

　　　光緒二年六月　　日

十二、布魯克巴掌教部長恭請

　　西藏各位噶布倫福履安泰，辦理一切諸務諒必順遂，前由部中專差策忍彭錯轉回之便，各位賞來函諭，大哈達及金子五兩，馬一匹等項業已收領，實深感謝之至，敬啓者，茲接各位信內披楞之事如何辦理，雖未詳細開明，而接奉大人札諭內披楞案情，委派大志爺暨戴琫二員前往該處查辦，務須恪遵大皇帝欽定章程，預籌防範邊界等諭，至糧府大志爺及戴琫二員應宜來至本處地方，據戴琫毋庸前赴布魯克巴地面，令於我處請派屬下得力噶隆一名前赴帕克里商辦等情，當經回信按照大人札諭，總須親身來至我處面商，此事方能辦結去後，糧府及戴琫二員行至布屬扎喜曲宗地方，至前披楞言及借道通商之事，始終作何辦理之處，限於二月內即由該部長自行呈覆等因前來，茲該披楞總薩海仍照前詞，專差已抵邊界地隣，務要切詞回覆之說，遂遵奉漢番憲諭，並出自實心實力設法勸回，其此項情節，現該糧府，戴琫二位均能深悉，祈請裁奪外，此番所幸仰叨釋迦牟尼佛恩祐，中沐文殊佛大皇帝鴻

〔註97〕乙亥年，光緒元年，西曆一八七五年。
〔註98〕丙子年，光緒二年，西曆一八七六年。

恩保護，下得仰沾布唐兩教神靈扶持，該國現與東群〔註99〕互生兵燹，所有披楞之納爾薩海以及頭人一百餘名，披兵七八千名遞行陣亡，刻下雖未接見回覆，將來該外藩等不識何居，行勢叵測，未便妄稱，況該披楞之事，前此辦理情形並嗣後舉行各事，概向糧府，戴瑋等詳細稟明，均在洞鑒之中外，其應稟各事，另開供單略為稟明，伏乞西藏辦事各位噶布倫憫念布唐一體同教，請將應辦各項事宜詳細查奪，總期目前清平，久後核實定妥，仁望飭下照辦，俾得有所遵循，伏冀在懷，為此押稟片子及五色布禮。布魯克巴扎喜曲宗地方具。

　　光緒二年六月　　日

十三、軍機大臣字寄

　　駐藏大臣松，光緒二年七月初四日奉上諭，松溎奏披楞屢欲通商，設法阻止一摺，披楞納爾薩海等前來布魯克巴，哲孟雄各部，意欲租地修路入藏通商，均經松溎飭令委員勸諭阻回，辦理尚妥，仍著該辦事大臣加意防維，諭令該部長等固守邊界，以期彼此相安，毋任勾結滋事，所有此次出力之通判周溙著賞換花翎，把總馬胜富等二員均著賞換五品頂戴，戴瑋扎喜達結著賞換三品頂戴，如瑋頓柱策忍等三員均著賞換四品頂戴，甲瑋扎喜策忍等二員均著賞換五品頂戴，布魯克巴部長歐柱汪曲等二員均著賞加總堪布銜，書識王松榮等五名均著以從九品選用，餘著照所議辦理，將此由四百里各諭令知之，欽此，遵旨寄信前來等因，相應恭錄移咨，為此合咨貴部，院，督部堂，將軍，軍門請煩欽遵查照施行，須之咨者。

　　右咨
　　吏部
　　兵部
　　理藩院
　　署川督部堂文〔註100〕
　　成都將軍魁〔註101〕
　　署四川提督軍門聯〔註102〕

〔註99〕東群，待考。
〔註100〕署川督部堂文，指文格。
〔註101〕成都將軍魁，指魁玉。
〔註102〕署四川提督軍門聯，指聯昌。

光緒二年八月　日

十四、欽差駐藏辦事大臣副都統銜松檄諭布魯克巴哲孟雄部長知悉

照得本大臣於光緒二年閏五月十九日具奏委員阻回披楞，邊界一律安堵一摺，於八月二十二日巡閱途次陽八井〔註103〕接奉批迴，軍機大臣奉旨，另有旨，欽此。並承準軍機大臣字寄駐藏大臣松，光緒二年七月初四日奉上諭，松奏披楞屢欲通商，設法阻止一摺云云，遵旨寄信前來，等因，合行恭錄並將奏稿清單檄諭，爲此諭仰該賞加總堪布銜布魯克巴，哲孟雄部長歐柱汪曲，吐多朗結即便欽遵知照毋違，特札，計奏摺一件，清單一紙。

檄諭賞加總堪布銜布魯克巴部長歐柱汪曲

賞加總堪布銜哲孟雄部長吐多朗結

光緒二年八月　日

〔註103〕陽八井，即前文之羊八井。

光緒三年丁寶楨奏收布魯克巴
哲孟雄直管以拒英寇與清廷不准

　　光緒元年，馬嘉理事件發生，英寇迫清廷簽《芝罘條約》，時爲光緒二年
七月二十六日即西曆一八七六年九月四日，清廷批准之，英寇入藏考察載之
條約，然英寇以鴉片抽稅故遷延不批准，時四川總督丁寶楨於藏政多所慮之，
深解西藏爲保全四川之屏藩，亦深窺英寇於四川雲南之覬覦，獻議阻止洋人
入藏，聯結廓爾喀、布魯克巴與哲孟雄，及遣人赴印度偵探，然清廷畏葸無
能，不准。

一、川督丁寶楨奏英人入藏探路用意狡譎請密飭駐藏大臣修好於
##　　布魯克巴以固藩籬片

　　丁寶楨〔註1〕片，再英人前有西藏探路之請，其用意狡譎，臣心竊慮之以
後，恒切切思維，欲暗中設法補救，以爲得尺進尺之計，此次貝德祿，吉爲
哩二員明爲查看通商事宜，乃遍地遊歷，或則欲會涼山猓夷，或則欲由藏赴
國，沿途詳繪地圖，其機已見，臣竊揣英人之意，從前專注意海疆，今則二
十餘年，船炮既極堅利，而河海之地勢人情已經熟悉，自以爲經營就緒，惟
不通海疆之四川，雲南，貴州，湖南，廣西，甘肅，陝西，山西，河南數省，

〔註1〕丁寶楨（一八二〇～一八八六年），字稚璜，貴州平遠（今織金縣）人，洋務
　　　運動之主要成員，咸豐三年進士，同治八年於山東巡撫任上殺慈禧太后寵信
　　　之太監安德海於濟南。光緒二年起署理四川總督，光緒十二年四月二十一日
　　　病逝於任上。贈太子太保，謚文誠，並在山東四川貴州建祠祭祀。

未能水路相通，彼就目前視之，實覺毫無可恃，故欲以向之致力於海疆者，轉而用之於西南各省，然必擇其與該國最近之省先爲入手，徐圖推廣，而與該國最近者莫近於蜀，滇又次之，而蜀又爲數省中菁華聚集之所，故英人此時用意在蜀，蜀得而滇黔歸其囊括矣，此實目前英人肺腑之謀也，查川省門戶在前後藏，而後藏外接披楞，即英孟加拉之屬部，披楞又名噶哩噶達，孟加拉又名第里，察與後藏相近之阿里皆故東印度地，英既得東南中三印度之半，窺伺後藏久矣，從前爲布魯克巴、廓爾喀之中界哲孟雄部大山所阻，山極險峻，中通一線，道光年間哲孟雄屬於英，此山已爲英所據，前二十餘年，海道未甚通，印度洋煙入川即由此路，彼若此時將山開鑿，即可長驅入藏，幸尚有布魯克巴、廓爾喀界連前後藏，足爲我藩籬，查布魯克巴全境不麗印度，廓爾喀兵力頗強，前此英人併吞印度，未能侵其寸土，至今憚之，現英人通藏必由此道，此二國足與爲難，若將該兩國極力羈縻，絕英人近交之計，則兩藏不失要隘，我即得自固藩籬，且查英人從前於北印度取賽哥〔註2〕屬部加治彌爾〔註3〕即有欲赴藏通市之意〔註4〕，是其蓄謀已久，今若不將布廓兩國極力籠絡，英人必設法相與連合，則西藏一無屏蔽，而川省門戶遂失，必恃西北毗近番猓夷地數千里以爲界限，而番猓各夷貪而無親，誠恐英人啗以金錢，則川省事勢破裂所關非淺，臣前奏所以欲在寧越附近夷地一帶試辦開礦，非爲謀利，實爲籍此聯絡番猓夷人，爲以夷制夷之舉，但恐力不能遠及，寢食難安，臣竊查洋人入川情勢實爲中國陸路一大關鍵，未可視爲末務，臣愚以爲欲圖內地之安，則境外藩籬必先自固，蜀之門戶在西藏，西藏之藩籬在布魯克巴，廓爾喀。今廓爾喀本遵例入貢，臣服維虔，惟布魯克巴久未貢獻，此時若將廓爾喀厚爲羈縻，密飭駐藏大臣設法修好於布魯克巴，陰爲外助，則可以伐英人入藏之謀，況布魯克巴本於雍正年間准其內附入貢，今若殊恩遠沛，准令聯舊日之情，該國必將感激孝順，因利乘便，在我第行所固

〔註2〕 賽哥，當爲 Singh 之音譯，藏人稱爲森巴，意即獅子，今多譯作錫克，嘉慶初年至道光二十九年間曾建一國，期間征服克什米爾，進而侵佔藏屬拉達克與阿里，爲西藏驅逐出阿里，但拉達克被佔，但拉達克年貢達賴喇嘛之傳統未變。

〔註3〕 加治彌爾，即今克什米爾。

〔註4〕 欲赴藏通市之意，指英佔克什米爾後於道光二十三年至二十六年間以通商爲名謀侵阿里之案，英佔克什米爾後即施其故伎遣人赴阿哩投書言通商劃界，時駐藏大臣恰爲甫經鴉片戰爭之琦善，琦善因鴉片戰爭之失當而謫爲駐藏大臣，琦善知英人之詭謀，故遣噶布倫赴阿里巡查而諉交涉於兩廣總督耆英，耆英屢與英人交涉而拒絕之。

然非同創局，他人即不能藉生異議，詳審前後形勢，似應早為酌辦，勿令彼族撥弄，暗中撤我藩籬也，至將來洋人如有請於蜀滇兩省開廠及由川赴藏通商各事，似須設詞婉拒，務令彼水陸不能相通，庶令有所忌憚，不敢遽行思逞，其關係全域，實與海防相為表裏，是否有當，附片密陳，光緒三年十月二十七日。

奉旨，該衙門議奏。（《清季朝外交史料》光緒朝卷一二，頁一七）

二、總署奏覆丁寶楨奏英人西藏探路用意狡譎情形摺

總理各國事務恭親王奕訢等奏，為遵旨議奏事。光緒三年十月二十七日軍機處鈔交四川總督丁寶楨片奏英人西藏探路用意狡譎等因，奉旨該衙門議奏，欽此，查丁寶楨原片所稱除此次廓爾喀遵例入貢各事宜，已於本年十月二十七日奉旨由松湉、桂豐〔註5〕、恒訓、丁寶楨及理藩院各欽遵辦理外，臣等以藏屬藩部，事隸理藩院承辦，由臣衙門行查該院以界連後藏之布魯克巴，廓爾喀於何年始行入貢，所貢係何方物，由何路行走，入貢有無定例常期，每屆貢期有無賞用何物，現在是否照舊按期入貢，檢查例案並將布魯克巴，廓爾喀源流逐細聲覆，旋准理藩院覆稱，廓爾喀始自何年入貢及該部落源流，於道光三十年間本院典屬司科房不戒於火，將道光年間以前檔案燒毀不齊，無憑查考，惟咸豐三年廓爾喀國王遣使入京，呈進叩賀天喜貢物一分，班例貢一分，由四川赴京，沿途由驛行走，所賞各物由軍機處內務府交出，由院轉交來使祇領，同治六年廓爾喀國王呈進貢物到川，因道路梗塞，經四川總督派員將該國貢物齎京，賞件發交四川總督轉交祇領，至布魯克巴部落，本院向無源流，亦無辦過進貢之案，將《會典》所載廓爾喀等部落事蹟及本院現行《事例》並咸豐三年廓爾喀國王遣使赴京貢物賞件，同治六年四川總督派員齎京代遞貢物各數目鈔錄黏單，咨覆前來，查《會典》內開廓爾喀額爾德尼王五年遣使入貢一次，又載西藏西南與布魯克巴，哲孟雄，作本朗，洛敏湯，廓爾喀各部落接界，自薩迦，宗喀，聶拉木，絨轄，定結，帕克哩一帶皆堆設鄂博，定日，江孜二處為外藩各部落來藏要隘，皆特設汛防，駐藏大臣每歲於閱兵之便，親加巡察等語，臣等公同詳考輿圖，證引記載，綜覆形勢，揣度詳情，布魯克巴，哲孟雄，廓爾喀三部落屏列藏地西南邊界，與

〔註5〕桂豐，滿洲鑲紅旗人，光緒二年四月甲戌，賞鎮國公副都統銜充駐藏幫辦大臣，四年十月丁亥，命回京。

向設鄂博，定宗喀，聶拉木，絨轄，定結等處皆中隔大山，哲孟雄界布魯克巴廓爾喀之中，與江孜相去較近，中有徑路可通，道光年間哲孟雄為英所屬藩屬，已自不完，若得布魯克巴，廓爾喀一心效順，中朝則於哲孟雄左右有所牽制，於英必有所顧忌，在我亦尚得屏蔽之資，該督所籌自係深慮遠謀，亦目前之要策，惟廓爾喀自乾隆五十六年入寇藏地，用兵勘定後，歷經遵例入貢，該部落與英為世仇，自當加意附循，俾無攜貳，至布魯克巴本西梵國屬，皆皈依紅教，崇佛誦經，雍正十年始歸誠內附入貢，迄今年久，理藩院察無辦過進貢之案，祇於該院現行《西藏通制則例》內載有布魯克巴素信紅教，每年遣人來藏向達賴喇嘛呈遞布施，由邊界官查明人數稟駐藏大臣驗放進口等語，若遽令其入貢，轉令生疑，擬由駐藏大臣於該國人來藏，仍照舊例稽查外，隨時加意撫綏，相機斟酌辦理，至於英人覬覦藏境，匪伊朝夕所至，遊歷地方，探幽極遠，繪畫地圖，到處皆然，明以考證地學為詞，用意極為詭譎，臣衙門從前聞有法俄各國請給護照前往藏境傳教遊歷之事，多告以彼處地屬外藩，保護難周，殊有禁之不能，聽之不可之勢，至上年煙臺條款業已立有專條准由內地四川等處入藏以抵印度，駐藏大臣函告闔藏各寺不願外人到境遊歷，籲請阻止，經臣衙門咨覆該大臣設法開導，勿令生事，亦屬事處兩難，邊外各部落信習喇嘛教，性情向多質魯，在我馭外機宜又非可家喻戶曉之事，該兩部落或不善體會，處置輕重失宜，致生枝節，是未得其助我之力，先予人以口實之資，似亦不可不慮，要之，英人素蓄之謀，總伺我中國可乘之隙，惟在力求自強，實能自立，使之抵隙無由，而又無事可以藉口，雖然在彼之冀倖，未必潛消，而所以固我圉而伐彼謀者，道莫外是，擬請飭下成都將軍恒訓，四川總督丁寶楨，駐藏大臣淞湉，桂豐不動聲色，妥密籌維，強鄰之防杜宜嚴，而在我必先無瑕可蹈，藩服之綏來宜亟，必在彼使知合力與謀，庶幾內固藩籬，而外弭釁隙，可得馭遠防邊之全策，至丁寶楨慮及此，足見用意深遠，有切實妥協辦法，亦即由該督臣詳細密陳，以資集益而專責成，謹奏，光緒三年十二月二十一日。奉旨，依議。（《清季外交史料》光緒朝卷一二，頁三二）

三、駐藏大臣松湉等奏辦邊防聯絡哲孟雄廓爾喀部落摺

駐藏大臣松湉，桂豐等奏，為現辦馭遠防邊實在情形事，竊本年二月二十四日接奉總理衙門咨開本衙門覆奏，四川總督丁寶楨陳奏英人赴藏等情一

摺，於光緒三年十二月二十一日軍機大臣奉旨依議，欽此，相應鈔錄原奏，
恭錄諭旨咨行遵照等因前來，奴才等細閱四川督臣丁寶楨所奏自係深謀遠
慮，杜漸防微，復讀總理衙門覆奏，更屬籌慮精詳，意良法備，第今昔之情
形稍殊，而撫馭之重輕有別，不得不為聖主密陳之，查布魯克巴，哲孟雄，
廓爾喀三部落本屬藏西南門戶，各處貿易番民均集前藏，與唐古忒有脣齒之
依，理應守望相助，自哲孟雄獨結嶺〔註6〕為英人所據以後，該處部長乞唐古
忒援兵，商上不准，哲孟雄藉為口實，致生嫌怨，布魯克巴亦因強鄰附近，
迭次來信與唐古忒會商，借助兵力以固邊圉，而商上飾詞推諉，該部長大為
憤恨，故有被披楞租地之事，廓爾喀前派駐藏彈壓巴勒布之噶巴丹，因唐古
忒禮遇不隆，起程回國，該國總噶箕屢欲赴定日一帶以打鷹為名尋釁，兼之
商上噶布倫，總堪布〔註7〕等識量偏淺，罔知大體，不能相機變通，因時制宜，
遇有邊外交涉事件，雖駐藏大臣譯飭遵辦，該噶布倫等固執己見，動以不合
向例呈請更正，不知羈縻外藩為要，奴才松溎於光緒元年十二月抵藏任事後，
察知情形，正擬舉辦，適於二年正月布魯克巴部長以披楞欲租地修路來藏通
商，飛稟請員辦理，當即奏委西藏糧員周溎馳往，相機妥辦，該部長等以百
餘年未見漢官到彼，喜懼交集，周溎與之會商，設法阻披楞，密訂交好，囑
其外拒強鄰，內保邊界，復赴哲孟雄查看情形，該屬僅存一隅，勢難自立，
勸令陽為照常修好，陰則力圖固守，兩部落均各歡欣遵允，前經奴才松溎將
布魯克巴，哲孟雄兩部長奏請獎勵，奉旨賞准，並給予該屬頭目等翎頂執照
在案，布屬駐藏頭人感激天恩，每逢萬壽日期，自願附入唐古忒番官之末，
隨班叩賀，其心悅誠服已有明驗，廓爾喀聞之觀感興起，頓釋前嫌，復派噶
巴丹於二年十月來藏，奴才松溎接見之下，嘉其誠悃，厚給賞賚，三年四月
該國王遵遣噶箕等呈進例貢，九月奴才桂豐於巡閱隘口時，嚴諭定日，江孜
等處營官，恪守疆界，不准別滋事端，惟哲孟雄地屬英者十之七八，布魯克
巴，廓爾喀畏英強盛，暗中幣帛相將，此時欲引三處為外助，亟宜固結其心，
英人以富庶餌彼，我則以貴勸之，英人以兵威挾彼，我則以禮貌加之，英人
以詭詐誘彼，我則以誠信待之，隨時遇事撫馭羈縻，藉振興兩藏之聲勢，使
三部落自固藩籬，為效順中朝之屬，得三部落之傾心，使英人無從離間，潛

〔註6〕獨結嶺，即大吉嶺。
〔註7〕總堪布，此處之總堪布是指達賴喇嘛之總堪布，總堪布統管商上之僧官，秩
　　　三品。

消窺伺之謀，仍恐唐古忒不善體會，有誤機宜，嚴切密飭噶布倫等痛除固執積習，與三部落聯爲一氣，如敢抗違，奏請參辦，奴才等不時傳見布魯克巴，哲孟雄，廓爾喀來藏頭人或給予翎頂或重賞銀兩緞匹，均各踴躍樂遵驅使，乘機詢問邊事情形，據稱自委員辦理以後，迄今相安無事等語，倘將來英人由川入藏，奴才等自當加意防維，以期仰慰宸廑，所有現辦馭遠防邊實在情形，恭摺密陳，謹奏。光緒四年四月二十四日。

　　奉旨，覽奏已悉，所籌尙合機宜，即著松溎等隨時體察情形，妥爲辦理。
（《清季外交史料》光緒朝卷一三，頁二三）

光緒十一年查辦布魯克巴內亂事

　　此部份之內容錄自《西藏奏議　川藏奏底合編》之《光緒十一年五月起至十二年七月止漢番委員前往查辦布魯克巴夷務取具兩造遵依切結發給斷牌完案並漢番各員從優給獎各摺片全卷》。

一、爲札委查辦事

　　案據布魯克巴部長〔註1〕稟稱，竊思德澤遠大，福履亨佳，撫鎭嚴疆，群沾惠澤，小的賤軀如常，敬謹辦理部落〔註2〕中政教一切，莫不勤愼，實因小的地方遭了大害，實屬情迫，不得不稟情，因唐布兩家協同掌教，係爲施主，隣封和好，明鏡相照，本無疵跡，袛因本處黑面部長〔註3〕承充舊任終薩遼洛時，藉以進藏朝佛爲名，到藏蔑法不遵前任漢番上司，種種兇刁，難以枚舉，且於丁丑年〔註4〕商屬卓木百姓桑彭之親被該汪宗〔註5〕無故藉端一案，派委戴琫，如琫同抵帕克里時，不遵商上公斷，藉由汪宗無故侵取許多財帛，人所共知。隨後該部長病故，伊子派充巴竹遼洛，前於癸未年〔註6〕，布魯克巴部長不知何故，無過被該汪宗拏捆帕克里營官，搶劫各商許多財帛。自伊父

〔註1〕布魯克巴部長，即本章下面所說之格娃桑布，《清代西藏與布魯克巴》一書所載之布魯克巴第五十三任第巴噶瓦桑布，光緒十年至十二年任職。
〔註2〕原文作洛，今改正。
〔註3〕黑面部長，即《現代不丹》一書所載之吉格梅・納姆加爾，咸豐三年起任終薩奔洛。同治九年至十三年任布魯克巴第巴，烏堅汪曲之父。
〔註4〕丁丑年，光緒三年，西曆一八七七年。
〔註5〕汪宗，即今譯作旺堆頗章宗者。
〔註6〕癸未年，光緒九年，西曆一八八三年。

母以來，即與廓爾喀交好，故於壬申年〔註7〕十二月初三日，廓爾喀派來甲噶噶丹奪去熱等主僕五人，係伊接應照料，前來之便，廓爾喀國王與沙布嚨佛爺〔註8〕以即布長〔註9〕處各遞夷信，緣因前藏無故被該僧俗人等搶劫巴商八十二家財帛，興訟一案〔註10〕，現擬進兵，我們布魯克巴部長〔註11〕幫伊與唐古忒或進兵，或將軍需吃食米糧糌粑無論多寡，應由帕克里一帶動撥等因，寄信前來，小的云即西藏佛地，唐布兩家協同掌教，不能幫伊湊助兵財兩項，與藏進兵之事萬不可行，概未應允，因此生了怒〔註12〕怨，與小的不和，將小的南疆內大小營官百姓差役以及仁綳〔註13〕，終薩，汪宗等各營官寨均被佔〔註14〕了，刻下小的布魯克巴部長祇守得哲宗〔註15〕，綳湯而外，別無地段，昨該仁綳，終薩，汪宗三營寨之人持強攻奪取前項兩寨，茲於乙酉年〔註16〕正月二十三日備兵進攻前來，危迫已極，需用軍器鳥槍藥鉛等項最關緊要，惟有仰懇大憲，所要者軍器蠻槍二百杆，火藥鉛子各三百包，迅請寬為撥借，則沾恩典，況唐布兩家協同護教，嗣後無論有何好歹，全靠大憲作主保護，仍查其本地一切苦況，層次再行具稟，所有本地情形，務望鴻施逾格，俯賜作主，即如父母愛惜子嗣一般，格外施恩，此次唐布兩家彼此原為作善施主，上下均請照前一視同仁，務請和睦，嗣後務舉一片美意，有應需軍器鳥槍藥鉛等項俯准照稟辦理，切勿忘懷，發交該差，則沾恩典，將

〔註7〕壬申年，當為甲申年之誤，據下文知之，此次之廓爾喀遣使布魯克巴乃為廓爾喀商販被搶一事，該事發生於光緒九年，故遣使當在甲申年，而非壬申年。甲申年即光緒十年，西曆一八八四年。

〔註8〕沙布嚨佛爺，當為《現代不丹》一書所載之阿旺・吉格梅・喬加爾（一八六二～一九○三年）。

〔註9〕布長，原文作布長，意通不改，即格娃桑布，見注釋一。

〔註10〕興訟一案，指光緒九年廓爾喀商販被搶之案，咸豐五年廓爾喀侵藏，簽不平等之合同，廓爾喀於藏地獲治外法權，廓爾喀之商販橫行無忌，藏人積怨漸深，光緒九年攢招期間，廓爾喀商販誣兩購物之藏婦偷竊，剝衣搜而侮之，為喇嘛所睹，群情激憤而搶之，廓爾喀求償三十餘萬，甘丹頗章允給七八千，廓爾喀聲言開仗，形勢頗緊張，後幾經交涉，議給十八萬三千四百一十六兩一錢，甘丹頗章出銀十萬四千兩，其餘由四川府庫給之。

〔註11〕布魯克巴部長，即格娃桑布。

〔註12〕原文作恕，今改正。

〔註13〕仁綳，即巴竹。

〔註14〕原文作站，今改正。

〔註15〕哲宗，待考。

〔註16〕乙酉年，光緒十一年，西曆一八八五年。

來鳥槍藥鉛等項或呈繳原物，或照樣賠還，或批價呈繳，自應遵行，以上回批施恩，迅速賞發，並請照常愛待，時賜佳音，是所盼禱施行。

　　續據稟稱，伏思前程浩大，慈玉安康，辦理諸務鴻光普被，實甚感佩，因小的地方有要緊事件，有操上懷，今稟者上年本處黑面部長父子與小的上下人等情衷素好，禍福同當，嗣經該部長故後，我屬待伊原無二心，即如父子相愛，本處所管各大小營官百姓差役人等隨伊遣用，本係施恩甚重，不致異啟外心，同共相處，不意近因佛教之災，眾生福運所致，仁，汪，終薩三營寨之人漸次進兵叛亂，小的地方無有軍械，刻下所要者軍器乏乎，伏思唐布兩家一體同教，想起此恩，實難忘卻，今仍始終有何好歹，惟有仰祈二位大人及達賴佛爺〔註17〕，掌辦佛爺〔註18〕，並供職各員之處，各遞夷稟，務請俞允，將前稟槍火及回批等項務懇允准照辦，不致空望，祈候作主，以救性命，勿失為禱，小的部長以及頭目人眾等必能實力報效，此次還望大憲格外施仁，始終一切尚祈垂憐作主，其此項細〔註19〕由，小的事在急迫，不能細說，該差自必親身面稟，伏候鈞鑒，是所至禱，並據該部長派充駐藏布魯克巴專差洛治叩稟，情因昨由布魯克巴掌教部長與二位大人遞來夷稟，專差來藏，據稱小的洛治巴同專差呈遞原稟，並將此中細由回明等諭，茲稟者，癸未年〔註20〕巴竹逕洛並未稟明部長，擬往拉隆〔註21〕地方，行至帕克里，不但不遵部長，亦不敬重商上，自敢拏捆帕克里營官，搶劫商屬苦民，並將營寨業巴〔註22〕以及番民五人帶至巴竹之時，始稟部長，藉以帕克里營官二人不來拜我，以致擾纍營官百姓，似此小事，商上諒不致藉故爭論，即如爭論，尚有終薩逕洛幫手，祈望部長相幫等因前來，當經部長面覆內開，爾逕洛尚不通稟於我，擅敢自專，擬赴拉隆，行抵帕境，藐視不遵漢番，致犯此項罪愆，復敢兇刁逞強，我何以護助於你，迨今不知商上派何委員前來，由爾自行辯明，總不可致使唐布兩中失和，毋得推於部長之身去後，商上委員亦至帕克里地方，經該二位委員即與部長來信，內開巴竹逕洛親身，以及營官

〔註17〕達賴佛爺，指十三世達賴喇嘛。
〔註18〕掌辦佛爺，指通善濟嚨呼圖克圖阿旺班墊曲吉堅參，光緒元年至十二年任掌辦商上事務。
〔註19〕原文作紬，今改正。
〔註20〕癸未年，光緒九年，西曆一八八三年。
〔註21〕拉隆，似即今西藏洛扎縣雜熱鄉之拉隆寺地方。
〔註22〕業巴，即業爾倉巴之簡稱。

寨業巴，人財等項即速交出等諭，經部長札飭巴竹遼洛，此案誰是誰非，爾即親身前赴商上委員案下自行辯明，妥爲了案，不准唐布兩下失和滋事，將案完竣之後，兩處官職即行辭退，毋得由爾任意刁狡，致使唐布兩家失和，深恐漢番兩按疑我管束不嚴，必須辭退等諭去後，他方小使內派人二名前往了案，之後所有呈送商上銀兩在於部長百姓名下攤湊送交，遂將職分雖屬辭退，就近部長不得專權，由伊不法委放兩處官長，遽爾前赴伊弟終薩遼洛〔註23〕處住居，當經派令伊弟終薩遼洛隨帶手下布兵，以去歲帕克里滋事時，部長不肯齊心助剿爲詞，即有終薩，汪宗，巴竹人等謀叛，進兵抗拒，且幸吉人天向，依舊相安，尙無傷損情事，而百姓等被搶劫欺負尤甚，據該眾百姓向部長聲稱，此等惡毒爲害，實難棲守地方，賞准逃往披楞地方之說，並伊父名黑面部長任內，我屬許多百姓逃往披楞地境，尙未回籍，至該黑面部長進藏朝佛之時，何等刁兇，並卓木一帶商屬百姓處所如何欺凌，諒上司均必洞悉，其從前舊任巴竹遼洛策汪洛布〔註24〕亦係黑面部長任內投歸披楞，現任部長始纔調回，派管森奪宗寨〔註25〕藥局，備攻外賊，即敢勾通，歸於終薩爾屬下，茲懇者，該部長來今一切事體全賴大皇帝及達賴佛爺作主保護，此外別無依靠，稟內已曾申明，況藏屬布魯克巴屬民人等勿致流落別方，今該刁番等不知作何事體，殊難逆料，暫請由漢番撥借鳥槍二百餘杆，尙望施恩，自應呈繳，不能失損，倘有礙難，亦當議價歸繳，並出讓藥鉛三百包，自應繳價，已前布魯克巴地方不法官民人等竟自謀叛，並在於唐布從中每每滋事，嗣後不得如此狂妄，伏祈二位大人派委漢番能事大員查辦以救性命，請於五月十五日以前按抵帕克里地方，自應揀派與部長相似可靠之人親往各位委員案下，至委員未到其間，迅請妥札嚴飭終薩爾〔註26〕，汪宗，巴竹等處布番不准搕索百姓，自相爭鬧，以上所稟一切尙望施恩，俯如所請辦理，竚候速賜見覆，若不施恩俞允，此等慣長刁風之人，不識何居，實非叵測，更難久待，務望迅辦，是切深禱各等情，據此，查布魯克巴部落地居徼外，與藏爲隣，係屬邊疆門戶，該部長所稟各情，雖係自相仇殺，亦應派員力爲排解，以示懷柔，

〔註23〕伊弟終薩遼洛，即烏堅汪曲。
〔註24〕舊任巴竹遼洛策汪洛布，指同治十一年布魯克巴內爭事，時普納卡宗本俄珠，旺堆頗章宗卓尼爾阿竹，帕羅奔洛策汪洛布（《清代西藏與布魯克巴》作次旺諾布）聯合反對晉美南傑，晉美南傑勝，俄珠，次旺諾布逃往英印。
〔註25〕森奪宗寨，待考。
〔註26〕終薩爾，即終薩。

且該部落距江孜等處最近，設因彼此忿爭，竄越藏境，關係匪輕，尤應預爲嚴防，固吾疆圉，除檄諭該部長及巴竹遜洛等迅速罷兵，靜候查辦，並專摺具奏，譯行商上外，合行札仰該^{糧務遵即督同噶布倫札喜達結噶布倫札喜達結}〔註27〕遵即隨同後藏糧務劉令〔註28〕，酌帶漢番官兵馳赴帕克里邊界，宣諭該部長及巴竹遜洛等迅速遵檄罷兵，相機開導，妥爲解散了結，以息爭而安邊圉，並將江孜等處嚴密防範，毋令竄入藏境，蹂躪地方，亦不准輕舉妄動，另激釁端，是爲至要，所有起程日期及查辦情形，仍著隨時飛稟，以憑核奪，切速，特札。

　　札委辦布魯克巴夷務委員後藏劉糧務
　　委辦布魯克巴夷務委員噶布倫札喜達結
　　光緒十一年五月十四日

二、駐藏^{辦事
幫辦}大臣色^{〔註29〕}崇^{〔註30〕}爲檄諭布魯克巴部長知悉

　　案據該部長稟稱，竊思德澤遠大，福履亨佳，撫鎮嚴疆，群沾惠澤，小的賤軀如常，敬謹辦理部落中政教一切，莫不勤愼，實因小的地方遭了大害，實屬情迫，不得不稟情，因唐布兩家協同掌教，係爲施主，隣封和好，明鏡相照，本無疵跡，祗因本處黑面部長承充舊任終薩遜洛時，藉以進藏朝佛爲名，到藏蔑法不遵前任漢番上司，種種兇習，難以枚舉，且於丁丑年商屬卓木百姓桑彭之親被該汪宗無故藉端一案，派委戴琫，如琫同抵帕克里時，不遵商上公斷，藉由汪宗無故侵取許多財帛，人所共知，隨後該部長病故，伊子派充巴竹遜洛，前於癸未年，布魯克巴部長不知何故，無過被該汪宗拏捆帕克里營官，搶劫各商許多財帛，自伊父母以來即與廓爾喀交好，故於壬申年十二月初三日，廓爾喀派來甲噶噶丹奪去熱等主僕五人，係伊接應照料，前來之便，廓爾喀國王與沙布嚨佛爺以即布長處各遞夷信，緣因前藏無故被該僧俗人等搶劫巴商八十二家財帛，興訟一案，現擬進兵，我們布魯克巴布

〔註27〕噶布倫札喜達結噶布倫札喜達結，原文重複。
〔註28〕後藏糧務劉令，即劉韓文。
〔註29〕色，指色楞額，字石友，達虎里郭貝爾氏，滿洲正白旗人，察哈爾副都統都爾通阿之子，光緒五年二月壬寅賞副都統銜，命往藏辦事，八月十八日抵藏，爲駐藏幫辦大臣，十一月繼松溎爲駐藏辦事大臣，十一年十一月丙辰調庫倫辦事大臣，後任伊犁將軍，十六年卒。
〔註30〕崇，指崇綱，光緒八年三月庚戌，以四川成綿龍茂道賞副都統銜，爲駐藏幫辦大臣，十二年五月丁酉，因病乞休，允之。

長幫伊與唐古忒或進兵，或將軍需吃食米糧糌粑無論多寡，應由帕克里一帶動撥等因，寄信前來，小的云即西藏佛地，唐布兩家協同掌教，不能幫伊湊助兵財兩項，與藏進兵之事萬不可行，概未應允，因此生了怒怨，與小的不和，將小的南疆內大小營官百姓差役以及仁繃，終薩，汪宗等各營官寨均被佔〔註31〕了，刻下小的布魯克巴布長祗守得哲宗，繃湯而外，別無地段，昨該仁繃，終薩，汪宗三營寨之人持強攻奪取前項兩寨，茲於乙酉年正月二十三日備兵進攻前來，危迫已極，需用軍器鳥槍藥鉛等項最關緊要，惟有仰懇大憲，所要者軍器蠻槍二百杆，火藥鉛子各三百包，迅請寬爲撥借，則沾恩典，況唐布兩家協同護教，嗣後無論有何好歹，全靠大憲作主保護，仍查其本地一切苦況，層次再行具稟，所有本地情形，務望鴻施逾格，俯賜作主，即如父母愛惜子嗣一般，格外施恩此次，唐布兩家彼此原爲作善施主，上下均請照前一視同仁，務請和睦，嗣後務舉一片美意，有應需軍器鳥槍藥鉛等項俯准照稟辦理，切勿忘懷，發交該差，則沾恩典，將來鳥槍藥鉛等項或呈繳原物，或照樣賠還，或批價呈繳，自應遵行，以上回批施恩，迅速賞發，並請照常愛待，時賜佳音，是所盼禱施行。

　　續據稟稱，伏思前程浩大，慈玉安康，辦理諸務鴻光普被，實甚感佩，因小的地方有要緊事件，有操上懷，今稟者，上年本處黑面部長父子與小的上下人等情衷素好，禍福同當，嗣經該部長故後，我屬待伊原無二心，即如父子相愛，本處所管各大小營官百姓差役人等隨伊遣用，本係施恩甚重，不致異啓外心，同共相處，不意近因佛教之災，眾生福運所致，仁，汪，終薩三營寨之人漸次進兵叛亂，小的地方無有軍械，刻下所要者軍器乏乎，伏思唐布兩家一體同教，想其此恩，實難忘卻，今仍始終何好歹，惟有仰祈二位大人及達賴佛爺，掌辦佛爺，並供職各員之處，各遞夷稟，務請俞允，將前稟熗火及回批等項務懇允准照辦，不致空望，祈候作主，以救性命，勿失爲禱，小的部長以及頭目人眾等必能實力報效，此次還望大憲格外施仁，始終一切尚祈垂憐作主，其此項細由，小的事在急迫，不能細說，該差自必親身面稟，伏候鈞鑒，是所至禱，並據該部長派充駐藏布魯克巴專差洛洽叩稟，情因昨由布魯克巴掌教部長與二位大人遞來夷稟，專差來藏，據稱小的洛洽巴同專差呈遞原稟，並將此中細由回明等諭，茲稟者，癸未年巴竹逑洛並未稟明部長，擬往拉隆地方，行至帕克里，不但不遵部長，亦不敬重商上，自敢拏捆帕克里營官，搶劫商屬苦民，並將營寨業巴以及番民五人帶至竹巴〔註32〕之時，始稟部長，藉以帕克里營官二人不來拜我，以致擾纍營官百姓，似此小事，商上諒不致藉故爭論，即如爭論，尚有終薩遘洛幫手，祈望部長相幫等因前來，當經部長面覆內開，爾遘洛尚不通稟於我，擅敢自專，擬赴拉隆，行抵帕境，藐視不遵漢番，致犯此項罪愆，復敢兇刁逞強，我何以護助於你，迨今不知商上派何委員前來，由爾自行辯明，總不可致使唐布兩中失和，毋得推於部長之身去後，商上委員亦至帕克里地方，經該二位委員即與部長來信，內開巴竹遘洛親身，以及營寨業巴，人財等項即速交出等諭，經部長札飭巴竹遘洛，此案誰是誰非，爾即親身前赴商上委員案下自行辯明，妥為了案，不准唐布兩下失和滋事，將案完竣之後，兩處官職即行辭退，毋得由爾任意刁狡，致使唐布兩家失和，深恐漢番兩按疑我管束不嚴，必須辭退等諭去後，他方小使內派人二名前往了案，之後所有呈送商上銀兩在於部長百姓名下攤湊送交，遂將職分雖屬辭退，就近部長不得專權，由伊不法委放兩處官長，遽爾前赴伊弟終薩遘洛處住居，當經派令伊弟終薩遘洛隨帶手下布兵，以去歲帕克里滋事時，部長不肯齊心助剿為詞，即有終薩，汪宗，巴竹人等謀叛，進兵抗拒，且幸吉人天向，依舊相安，尚無傷損情事，而百姓等被搶劫欺負尤甚，據該眾百姓向部長聲稱，此等惡毒為害，實難棲守地方，賞准逃往披楞地方之說，並伊父名黑面部長任內，我屬許多百姓逃往披楞地境，尚未回籍，至該黑面部長進藏朝佛之時，何等刁兇，並卓木一帶商屬百姓處所如何欺凌，諒上司均必洞悉，其從前舊任巴竹遘洛策汪洛布亦係黑面部長任內投歸披楞，現任部長始纔調回，派管森奪宗寨藥局，備攻外賊，即敢勾通，歸於終薩爾屬下。茲懇者，該部長來今一切事體全賴大皇帝及達賴佛爺作主保護，此外別無依靠，稟內已曾申明，況藏屬布魯克巴屬民人等勿致流落別方，今該刁番等不知作何事體，殊難逆料，暫請由漢番撥借鳥槍二百餘杆，尚望施恩，自應呈繳，不能失損，倘有礙難，亦當議價歸繳，並出讓藥鉛三百包，自應繳價，已前布魯克巴地方不法官民人等竟自謀叛〔註33〕，並在於唐布從中每每滋事，嗣後不得如此狂妄，伏祈二位大人派委漢番能事大員查辦，以救性命，請於五月十五日以前按抵帕克里地方，自應揀派與部長相似可靠之人親往各位委員案下，至委員未到其間，迅請妥札嚴飭終薩爾，汪宗，巴竹等處布番不准搕索百姓，自相爭鬧，以上所稟一切尚望施恩，俯如所請辦理，竚候速賜見覆，若不施恩俞允，此等慣長刁風之人不識何居，實非叵測，更難久待，務望迅辦，是切深禱各等情。

　　據此，該部長所稟各情，^{本大臣}均已閱悉，查巴竹逤洛等係屬該部長應管頭目，竟敢興兵圍攻官寨，殊屬不遵法度，惟此事究係因何起釁，尚未深知，自應查明，秉公辦理，現經^{本大臣}揀派漢番大員即日前往，調集該兩造人証，秉公妥辦，務期折服，以息爭端，並一面飭知該頭目巴竹奔洛等不准妄自興兵，聽候漢番大員查辦，該部長亦即靜候辦理，勿得輕舉妄動，是為至要。此諭。

　　檄諭布魯克巴部長

　　光緒十一年五月　　日

三、為檄諭布魯克巴頭目巴竹奔洛，終薩奔洛等知悉

　　照得^{本大臣}據布魯克巴部長稟稱，該頭目與該部長互相爭鬧等情，據此，查該頭目係該部長所屬之人，自應合衷辦事，保衛地方，豈可彼此相仇，擾纍部落中百姓，惟此事實在情形尚未深知，自應查明秉公辦理，現經^{本大臣}揀派漢番大員即日前往，調集兩造人証秉公妥辦，務期折服，以息爭端，該頭目巴竹奔洛，終薩奔洛等迅速罷兵，靜候查辦，如有冤屈，即可速赴漢番委員處呈訴，萬不准輕舉妄動，自取咎戾，除諭知布魯克巴部長亦不准妄動靜候辦理外，仰即凜遵毋違，特諭。

　　檄諭布魯克巴頭目巴竹奔洛，終薩奔洛，准此。

　　光緒十一年五月　　日

四、奏為揀派漢番委員查辦布魯克巴夷務恭摺具陳仰祈聖鑒事

　　竊奴才等據布魯克巴部長呈遞夷稟譯漢內稱，情因小部落中頭目終薩奔洛，巴竹奔洛等不遵小的約束，竟敢以下犯上，聚眾圍攻營寨，占據地方，燒殺搶擄，無所不為，百姓大受其害，難以棲止，伏念小部落與西藏同奉佛教，全賴大皇帝及達賴喇嘛保護，別無所依，今小的事在危急，務望作主揀派漢番大員前來查辦，以救性命等情，奴才正商辦間，據護理江孜汛守備李聯魁稟報，該部落中自相仇殺，現有避難布番男婦百餘人攜帶牛馬帳房逃入

江孜境內，欲自行赴藏呈訴等情前來，當經奴才等檄諭該部長及終薩奔洛等迅速罷兵，聽候查辦，一面札飭護守備李聯魁會同該處營官將逃入藏境之布番等妥爲撫恤，勿令流離失所，亦勿任滋生事端，並譯行商上遵辦在案，伏查布魯克巴部落地居徼外，壤接藏疆，乃邊圉之屏藩，實相依爲唇齒，雖自相仇殺，係屬蠻觸相爭，然既據該部長稟請查辦，若不力爲排解，何以示朝廷柔遠之仁，且該部落密邇江孜，設因彼此忿爭，竄越藏境，必致蹂躪地方，尤應實力嚴防，以固吾圉，查有後藏糧員同知銜試用知縣劉韓文才識兼優，曉暢邊事，奴才等檄飭該員督同噶布倫札喜達結酌帶漢番官兵馳往帕克里邊界，查明起釁緣由，調集兩造到案，相機開導，妥爲了結，以息爭端而安邊圉，並將江孜等處暗爲防範，俾不致竄越滋擾蹂躪地方，至辦理如何情形，除俟該漢番委員等稟覆到日，再行奏聞外，所有揀派漢番委員查辦布魯克巴夷務緣由，理合恭摺具陳，伏乞皇太后，皇上聖鑒訓示，謹奏。

光緒十一年六月　日

五、爲譯咨譯行札行事

本大臣等於光緒十一年七月初四日具奏爲揀派漢番委員查辦布魯克巴夷務一摺，除俟奉到諭旨，另行恭錄移咨外，所有摺稿合先抄錄移咨，爲此合咨貴部，院，請煩查照施行，須至咨者。

計咨摺稿一件

右咨

吏部

戶部

兵部

理藩院

云云，所有摺稿相應抄錄譯行該呼圖克圖〔註 34〕，即便轉飭遵照，須至譯行者。

計抄摺稿一件

譯行通善濟嚨呼圖克圖〔註 35〕云云，所有摺稿合先抄錄札行，爲此札仰

〔註34〕呼圖克圖，即通善濟嚨呼圖克圖阿旺班墊曲吉堅參。
〔註35〕通善濟嚨呼圖克圖，即通善濟嚨呼圖克圖阿旺班墊曲吉堅參。

該糧務即便遵照毋違，特札。

計抄摺稿一件

札委辦布魯克巴夷務委員後藏劉糧務

光緒十一年七月　日

六、爲恭錄譯咨譯行札行事

竊照，照得本大臣等於光緒十一年七月初四日具奏爲揀派漢番委員查辦布魯克巴夷務一摺，當將摺稿抄錄移咨在案，茲於本年十月初十日奉到批迴，軍機大臣奉旨，知道了，即著督飭各員妥爲查辦，迅速了結，毋任別滋事端，欽此，欽遵，相應恭錄移咨，爲此合咨貴院，部。請煩欽遵查照施行，須至咨者。

右咨

理藩院

吏部

戶部

兵部

云云，欽此，欽遵，相應恭錄譯行該呼圖克圖即便轉飭欽遵知照，須至譯行者。

譯行通善濟嚨呼圖克圖

云云，欽此，欽遵，合亟恭錄札行，爲此札仰該糧務即便欽遵知照，毋違，特札。

札委辦布魯克巴夷務委員後藏劉糧務

光緒十一年十月　日

七、爲恭錄譯咨事

竊照本大臣等於光緒十一年七月初四日具奏，爲揀派漢番委員查辦布魯克巴夷務一摺，茲於本年十月初十日奉到批迴，軍機大臣奉旨，知道了，即著督飭各員妥爲查辦，迅速了結，毋任別滋事端，欽此，欽遵，相應恭錄並抄黏摺稿一併移咨，爲此合咨貴將軍，督部堂。請煩欽遵查照施行，須至咨者。

計抄摺稿一件

右咨

成都將軍歧〔註36〕

川督部堂丁〔註37〕

光緒十一年十月　日

八、候選布照磨王琢章同知銜管理後藏糧務直隸州知州用試用知縣劉韓文噶布倫扎喜達結謹稟

大人
大人閣下，敬稟者，竊卑職小的等前將帶兵深入查辦，巴竹奔洛畏罪自盡，終薩奔洛悔罪乞降各緣由稟呈憲鑒在案，發稟後，隨即分頭札調部長格娃桑布，及頭目擋曲仁青，吞布奪吉，烏堅汪曲，降巴頓杜等到案，聽候辦理去後，三月十八九等日始各先後到齊。卑職小的等當即查訊起釁緣由，終薩奔洛供稱，概係巴竹奔洛所為，伊等畏勢脅從，實在不敢妄為，再再懇恩寬赦，謹守法度等詞，查其情詞懇切，姑念外番無知，自應寬其以往，予以自新，傳集部長及各頭目到案，申明大義，曉以利害，開誠布公，持平剖斷，飭令盡釋夙仇，仍各分守舊土，和衷共濟，其避難布番人等逃亡日久，困苦堪憐，均各一一調回，酌給賞需遣散歸農，妥為安插，該部長頭目等無不心悅誠服，僉稱自此以後，均願屏除前嫌，同心併力與西藏捍衛披楞，情意懇摯，出於至誠，惟部長格娃桑布面稱，我部長原係僧人，祗知誦經禮佛，政務諸多未諳，此次巴竹奔洛作亂，擾害地方，究由我部長不能約束，幸蒙漢番委員垂憐相救，得慶再生，自揣年力已衰，難以勝任，情願辭退部長之職，以終餘年，卑職小的等查驗該部長格娃桑布年逾六旬，委係衰邁，難以勝任，應准辭退，以示體恤，飭令布番頭目等公同保舉眾所悅服之人，稟請補充，並令以後如有部長及大頭目缺出，均須公同保舉，稟由商上轉請憲臺
憲臺補放，不得擅立，以收其權，俾得操縱在我，該頭目等均各歡欣遵從，發給斷牌承領完案，所有藏屬居民前次聞驚逃避者，現已盡行招回復業，善後事宜亦宜完竣，邊疆一律安靜，番兵亦分頭遣撤歸伍，茲將取具兩造遵依切結及斷牌底稿照抄呈覽。

再該布番等經此次辦結之後，頗為恭順，其有出力各頭目等可否仰懇
憲恩
憲恩，分別賞給頂戴執照，以示羈縻激勵之處，除另繕名單，懇請發給外，所

〔註36〕成都將軍歧，指歧元。
〔註37〕川督部堂丁，指丁寶楨。

有布番夷案現已擬辦完結，邊疆一律安靜各緣由，是否有當，理合稟祈大大人核奪批示飭遵，為此具稟，須至稟者。

　　光緒十二年四月　　日

斷牌內事宜十條抄呈憲覽

　　一、舊任部長應令其復任，姑念該部長屢具稟結，以年紀高邁，弗能勝任等詞懇請辭退，是以俯允所請，但彼既曾充部長，現雖事權不屬，而分位仍尊，宜擇寬大寺院，使之安居，更宜隆以禮貌，仿照從前辭退部長之例，優給養贍銀兩，俾資終其天年。

　　一、吞布〔註38〕，補納〔註39〕及雄噶倫〔註40〕等原有產業，均宜給還，並經本漢番委員斷定於巴竹，吞布，補納各缺屬下割給嶺昔，噶薩，拉雅，海仲巴，洞朗，浪工朗營〔註41〕官缺，劃清疆界，吞布等自行管理，至一切差賦數目多少及應在何處上納，仍照舊章，勿許藉詞爭執，爾兩造宜解釋仇怨，修好聯合，該終薩等不得倚勢欺凌，該吞布等亦不得尋釁報復。

　　一、隨從吞布等逃出難番約百餘人流離播遷，殊為可憫，爾兩造既歸和好，此輩尤屬無辜，宜令各返故鄉，仍舊復業，倘有犯事者宜送歸本管頭目自行究辦，不得藉端欺擾，致令負屈莫申。

　　一、新任部長不得由爾等擅立，宜與爾部落中頭目人等公同保舉，稟請欽憲、藏王〔註42〕點放，方准充當，爾等必凡事稟承，切勿弄權跋扈，此後每逢部長缺出，皆宜如此辦理。

　　一、爾部落中部長以下，惟終薩奔洛等八項大缺，職司較重，今以終薩奔洛兼第巴，森琫之缺，稟請賞給三品頂戴並戴花翎，輔助部長辦理該部落中事務，再以達噶〔註43〕奔洛兼拉森〔註44〕缺，雄卓尼〔註45〕兼噶倫缺，以

〔註38〕吞布，即今布魯克巴之延布，今為布魯克巴之首府。

〔註39〕補納，即今譯名普納卡者。

〔註40〕雄噶倫，即布魯克巴政府之噶布倫。

〔註41〕嶺昔，噶薩，拉雅，海仲巴，洞朗，浪工朗營，此六處地名中，嶺昔為今布魯克巴靈希（Lingshi），噶薩為今布魯克巴加薩宗（Gasa），拉雅今布魯克巴拉雅（Laya），海仲巴即哈宗（Ha），洞朗似即今西藏亞東縣洞朗地區，浪工朗待攷。

〔註42〕欽憲藏王，此處之欽憲藏王極不恰當，自珠爾默特納木扎勒事件後，清高宗廢除藏王制，西藏已無王號矣，駐藏大臣並無王號，達賴喇嘛亦無。

〔註43〕達噶，今布魯克巴達噶宗（Daga）。

〔註44〕拉森，似為拉章森琫之簡稱。

及巴竹，汪宗，並新放吞布，補納營官等均經稟請賞給三品頂戴，分理政務，此後每有前八項缺出，宜由部長秉公保舉，開具名單，稟請欽憲、藏王補放，以昭愼重而示優異，其有罪應斥革者亦宜將斥革緣由稟明存案備查，其餘小頭目即由部長自作主張，無庸稟請。

一、爾部落向爲唐古忒屬地，同遵黃教，和好有年，從前披楞〔註 46〕屢欲假道進藏，未能得志，是爾部落〔註 47〕之於佛教不爲無功，此後爾兩造各有土地人民，均宜發奮自強，修明武備，倘値邊界有事，尤宜協力同心，互相救應，以固疆圉而禦外侮，永爲藏衛藩籬。

一、爾部落向派洛洽娃一名常川駐藏，每逢年節，呈送土宜禮物，以效悃忱，此後必須按照向章，勿稍懈怠，其商上等處回賞物件亦皆照常賞給，則彼此情誼浹洽，可以歷久不渝，至吞布等受漢番厚恩，如果報效情殷，亦准其備辦土宜派人赴藏呈送。

一、布屬海仲巴番民常有至卓木及帕克里一帶地方偷竊搶劫之事，現據控告有案，宜按名交出，以憑究懲，嗣後此缺既據撥歸吞布等管理，即宜予以責成，務須嚴加約束，各守疆界，勿得越境相侵，再有犯者惟該吞布等是問。

一、唐屬邊境番民素鮮蓋藏，多半窮苦，必須加以體恤，始免逃亡，此後爾部落中派人進藏，如呈送禮物投遞稟結等事，公務攸關，自應照常支應夫馬，此外如貿易往來販運貨物等項凡無馬牌者均宜自備夫馬，或如數發給腳價，不得濫索支應，以致苦累窮民。

一、次案既經剖斷了息，自今以後爾兩造人等必須互出切結，永敦和好，各泯疑忌之私，切勿因小忿微嫌輒相爭競，即偶有不平之事，祇宜就近稟請部長剖斷是非，或倩人居間，善爲排解，不得以瑣屑細故赴藏陳訴，致勞欽憲及藏王縈心。

照抄夷結三張

小的部長格娃桑布今於王法主子臺前，爲出具甘結事。

情緣巴竹，綵薩，汪宗等與吞布營官自相爭鬧一案，自去年四月起該吞

〔註45〕雄卓尼，卓尼爲藏傳佛教大喇嘛所設負責接待賓客，傳達命令之侍從，雄卓尼指布魯克巴政府之卓尼。

〔註46〕原文誤作披倫，今改正。

〔註47〕原文作洛，今改正。

布營官屬下專差他瑋〔註48〕階烔即與漢番處，以小的部長格娃桑布所遞夷結
爲名，茲有漢番委員已到巴竹地方，查詢是否小的具稟等情，今小的親身及
終薩替身，仁緔森瑋併吞布營官替身，老業巴擺噶曲批，洛直噶躲等會集之
處，查詢小的一節，惟自去歲四月起至今並未由吞布營官主僕向漢番遞具有
稟，且前歲奉漢番之諭，曾由終薩奔洛呈遞夷稟，復令仍舊充當部長等諭，
接奉之時，年紀高邁，不堪勝任，准其辭退等情，並去歲尙無具稟情形以及
亦無估令辭退部長職任各情，即與漢番委員處所具甘結夷稟，均係小的親自
呈遞稟結，爲此小的部長格娃桑布出具圖記甘結是實。

　　小的終薩奔洛烏堅汪曲及各頭目人等今於王法主子臺前爲出具甘願無悔
切結事。
　　情因布內吞布營官等與巴竹，終薩，汪宗等自相爭鬧一案，該吞布營官
等稟控漢番大憲，蒙派漢番各位委員駕臨帕克里地方，將此案情形查明剖斷，
飭令兩造永遠遵守，繕發斷牌事宜，自願永遠恪遵，亦不敢懷嫌互相貽害爭
競，倘若兩造是誰如有違諭者即與違犯之人應當如何究辦，自當按照漢番上
憲吩諭遵示坐罪，爲此小的兼任第巴、森瑋之缺終薩奔洛烏堅汪曲出具圖記。
　　新放巴竹奔洛四郎汪堆出具圖記。
　　汪宗營官降巴燉柱出具圖記。
　　兼任達噶之缺喇嘛森瑋工卻汪堆出具圖記。
　　兼任噶倫之缺雄卓尼爾〔註49〕宜瑪頓柱出具圖記。
　　署理吞布營官滾桑稱勒出具圖記。
　　署補納營官扎喜邊覺出具圖記。
　　舊任吞布營官奪吉出具圖記。
　　舊任補納營官擋曲仁青出具圖記。
　　舊任噶倫阿汪協饒出具圖記。
　　舊任第巴森瑋丹珍歐柱出具圖記是實。

　　小的喇嘛阿旺朗結〔註50〕，堪布寺僧人等今於王法主子臺前爲出具甘結事。

〔註48〕他瑋，待考。
〔註49〕雄卓尼爾，即前文之雄卓尼，見注釋四五。
〔註50〕喇嘛阿旺朗結，待考。

情因吞布營官等各員與巴竹，終薩，汪宗等互爭一案，已蒙漢番各位委員撫卹兩造，查明情形，妥爲剖斷，以資永遠遵守，繕給斷牌，內開事宜，均各出具遵依甘結，兩造人等必能永遠遵守，小的沙布囑及扎倉堪布，領袖寺僧等情願從中作保，嗣後亦不敢違論生端，倘有聚眾滋事，不能約束情形，即將違犯之首據實稟明漢番上憲，亦不徇情朦哄違悮，倘有故違情事，自甘遵示坐罪，爲此喇嘛阿旺朗結出具圖記。

扎倉堪布稱勒堅參出具圖記。

布中寺院眾僧等公同出具圖記甘結是實。

名　單

終薩奔洛烏堅汪曲請賞三品頂戴並賞戴花翎。

補納阿幹擋曲仁青賞戴花翎，三品頂戴。

汪宗營官降巴頓柱，達噶奔洛工卻汪堆，署巴竹奔洛四郎汪堆，署吞布營官滾桑稱勒，署補納營官扎喜邊覺，雄卓尼宜瑪頓柱，舊吞布營官奪吉，以上七員均請賞給三品頂戴。

仁絣森瑋降養結布，達瑋〔註51〕伊喜結布，固瑋〔註52〕擋曲策忍，以上三名賞給四品頂戴。

六品頂戴策汪邊覺請賞給五品頂戴。

以上各頭目頂戴擬請賞准隨缺戴用，以示羈縻，合併聲明。

批，據稟已悉，查此案夷酋巴竹奔洛竟敢背叛部長，圍攻營寨，搶擄百姓，勢甚猖獗，經該漢番委員等不避艱險，深入查辦，始則先解脅從，繼則困逼巢穴，首惡畏罪而自亡，餘黨懾威而聽命，然後調集兩造，推以信誠，解其夙怨，撫其難民，咸使就我衛勒，取具兩造遵依切結，發給斷牌完案，所辦均爲妥協，洵屬勤勞卓著，勇往可嘉，仰候^{本大臣}具奏請獎，以示酬庸，至稟請賞給布番頭目頂翎執照，自係爲羈縻起見，亦應如所稟辦理，除繕發執照外，仰該委員等遵即轉給承領戴用，以示懷柔，切結斷牌存，此繳。

〔註51〕達瑋，甘丹頗章管理馬匹之官名，清秩六品，布魯克巴之達瑋職能待考。
〔註52〕固瑋，待考。

批委辦布魯克巴夷務候選布照磨王，後藏糧務劉，噶布倫扎喜達結。

光緒十二年五月　日

九、爲發給執照事

案據委辦布魯克巴夷務漢番委員稟稱，查得該頭目在部落中辦事可靠，此次到案聽斷，頗知恭順，稟請酌予獎勵等情，據此合行發給執照，爲此照仰該頭目遵照，准其戴用，三品頂戴花翎，三品頂戴，四品頂戴，五品頂戴，用示獎勵，以後尤當益思恭順，隨時與該該部落大小頭目人等同心辦事，尊奉部長，愛惜百姓，是爲至要，須至執照者，照給。

三品頂戴並賞戴花翎終薩奔洛烏堅汪曲。

三品頂戴花翎補納阿幹擋曲仁青。

三品頂戴汪宗營官降巴頓柱。

三品頂戴達噶奔洛工卻汪堆。

三品頂戴署巴竹奔洛四郎汪堆。

三品頂戴署補納營官滾桑稱勒。

三品頂戴署吞布營官扎喜邊覺。

三品頂戴雄卓尼宜瑪頓柱。

三品頂戴舊吞布營官奪吉。

四品頂戴仁繃森瑋降養結布。

四品頂戴達瑋伊喜結布。

四品頂戴固瑋擋曲策忍。

五品頂戴策汪邊覺。

光緒十二年五月　日

十、爲札行遵照事

照得本大臣本大臣案據委辦布魯克巴夷務漢番委員等稟稱，終薩奔洛等現已歸案，聽後辦理各等情，當經本大臣 本大臣批飭該委員等調集兩造頭目人等秉公持平剖斷，總期解釋兩造夙怨，各使心折誠服，從此相安，不致再滋事端，妥速擬結，飛稟核奪等因去後，旋據該漢番委員等稟稱，調集兩造頭目人等到案開誠布公，持平剖斷，飭令盡釋夙仇，仍各分守舊土，和衷共濟，不准再滋事端，該頭目等無不心悅誠服，惟部長格娃桑布以年老懇請辭退，業已允准，飭令該頭目等公同保舉眾所悅服之人充當部長，以後如有部長及大頭目缺出，均須公同保舉，稟由商上轉請駐藏大臣補放，不得擅立，均各歡欣遵從，發給斷牌完案，邊疆一律安靜，取具兩造遵依切結，稟報前來，復經
^{本大臣}批，據稟已悉，查此案夷酋巴竹奔洛竟敢背叛部長，圍攻營寨，搶擄百姓，勢甚猖獗，經該漢番委員調集兩造，推以信誠，解其夙怨，撫其難民，咸使就我銜勒，取具兩造遵依切結，發給斷牌完案，所辦均為妥協，至稟請賞給布番頭目頂翎執照，自係為羈縻起見，亦應如所稟辦理，除繕發執照外，仰該委員等遵即轉給承領戴用，以示懷柔，除恭摺具奏請獎外，合亟照抄斷牌甘結札飭，為此仰該噶布倫，總堪布等遵照毋違，特札。

計抄發斷牌甘結各一紙。

札噶布倫，總堪布等。

光緒十二年八月　日

十一、奏為布魯克巴夷務業經漢番委員查辦了結邊疆一律安靜請將辦理此案尤為出力人員從優給獎以示鼓勵恭摺仰乞聖鑒事

竊奴才等前因布魯克巴部長稟控該部落中頭目終薩奔洛，巴竹奔洛等不遵約束，圍攻營寨，占據地方，稟請漢番委員查辦，並據護江孜汛守備李聯魁稟報，該部落中因自相仇殺，有避難布番多人逃入江孜境內各等情，奴才等當即檄委後藏糧員劉韓文督同噶布倫扎喜達結酌帶漢番官兵馳赴帕克里邊界，調集兩造到案，妥為查辦了結，並將江孜等處實力防範，勿任竄越滋擾，以固邊疆，前經恭摺具奏在案，光緒十一年十月初十日，奉到批迴，軍機大臣奉旨，知道了，即著督飭各員妥為查辦，迅速了結，毋任別滋事端，欽此，欽遵恭錄行知去後，先後接據委員劉韓文稟稱，該員行至江孜，即據逃入藏境避難之布魯克巴頭目擋曲仁青，吞布奪結等稟稱，小的等與終薩奔洛，巴竹奔洛等均充當部落中頭目，隨同部長辦事，不料伊等漸懷異心，不服部長管束，經部長屢次勸誠，致成仇隙，起意欲把部長及小的等盡行戕害，將部落地土獻與披楞，以求自為部長，嗣為部長及小的等查知，伊等益無忌憚，竟自興兵圍攻部長營寨，搶擄良民，地方大受其害，小的等因部長困在重圍，率眾往救，無如勢力不敵，為彼所敗，不得已帶同受害百姓逃入藏地，暫避

兇鋒，擬即赴藏叩見駐藏大人及辦理藏務濟嚨佛爺〔註53〕，泣訴一切，懇求迅派大兵往救部長及闔部落生靈性命等語，餘與部長前控各節大畧相同，其隨從避難番眾亦皆跪泣叩求救〔註54〕命，該員當諭頭目擋曲仁青，吞布奪吉等務將帶來避難番眾從嚴約束，不准稍滋事端，即在邊界聽候查辦，並加撫恤，以安其心，一面會同噶布倫扎喜達結飭夷酋終薩奔洛，巴竹奔洛等迅速罷兵，剋日到案，聽候秉公剖斷，行催數次，該夷酋不惟抗不遵調，尤敢揚言擋曲仁青，吞布奪吉等係伊處逋逃逆犯，藏中不應容留，如不早為交出，即帶兵前來搜捕，藏界居民聞信惶恐，均各紛紛遷避，勢甚堪虞，稟請添兵防禦前來，奴才等即飭商上迅飭後藏戴琫帶領所部番兵，星夜馳赴邊界，聽候調遣，並查有候選布照磨王琢章任事勇往，在藏年久，熟習番情，隨復飭令該員前往會同劉韓文等相機妥速辦結，勿任曠日持久，另肇釁端，茲據委員劉韓文，王琢章，噶布倫扎喜達結先後稟稱，該員等查明此次滋事夷酋巴竹奔洛係屬首謀，終薩奔洛僅被脅附和，迭次揀派員弁執持檄諭宣布恩威，誘令前來歸案，以分其勢，終薩奔洛聞藏境兵勢日集，部落中人心漸離，頗知畏懼，欲來投審，惟巴竹奔洛恃披楞以為外援，仍復負固抗拒不前，若不懾以兵威，深入查辦，斷難就我範圍，且該部長告急請兵非祇一次，未便稍形觀望，致失外番歆附之心，該員等先將沿邊要隘分防周妥，即拔隊前行，聲言往攻巴竹奔洛營寨，又復密派員弁酌帶番兵扼扎甲當〔註55〕地方，斷彼往竄披楞之道，該夷酋見我師已入彼境，其所脅從人眾或聞風遠颺，或倒戈相向，人皆攜貳，勢力孤危，遂率其死黨百餘人遁歸巢穴，盤踞堅守，適值部長已出重圍，人心益壯，亦率其精強番目前來助我聲威，直逼巴竹奔洛巢穴為營，圍困十餘日之久，巴竹奔洛自知行為悖逆，法所不容，畏罪自盡，終薩奔洛旋即率其餘眾入營投誠，哀詞乞命，該員等始則數其附逆之罪，佯欲加誅，繼則許其悔過之誠，酌責示儆，餘眾亦皆分別發落，隨即飭調部長格娃桑布，頭目擋曲仁青、吞布奪吉、烏堅汪曲、降巴頓柱等到案，訊明起釁緣由，開誠布公，持平剖斷，俾使盡釋夙仇，仍令各管舊土，分掌事權，其避難布番人等逃亡日久，困苦堪憐，均各一一調回，妥為安插，該部長頭目等無不心折口服，僉稱自今而後，均願屏除前嫌，同心並力與西藏捍禦披

〔註53〕辦理藏務濟嚨佛爺，即通善濟嚨呼圖克圖阿旺班墊曲吉堅參。
〔註54〕原文作援，今改正。
〔註55〕甲當，當為甲昔之誤。

楞，情詞懇摯，出於至誠，惟部長格娃桑布面稱，我部長原係僧人，衹知誦經禮佛，政務諸多未諳，此次巴竹奔洛作亂，擾害地方，究由我部長不能約束，幸蒙漢番委員垂憐相救，得慶再生，自揣年力已衰，難以勝任，甘願辭退部長之缺，以終餘年等情，該員等查驗格娃桑布年逾六十，委係衰邁，難以勝任，應准辭退，飭令布番頭目等公同保舉眾所悅服之人，稟請補充，並令以後如有部長及大頭目缺出，准其公同保舉，稟由商上呈請駐藏大臣補放，不得擅立，以收其權，俾得操縱在我，均各歡欣允從，發給斷牌承領完案，所有藏界居民前次聞警逃避現已盡行復業，避難布番一併撫恤遣歸安置周妥，善後事宜亦已辦竣，邊疆一律安靜，番兵撤回，飭令歸伍，取具兩造遵依切結，稟報前來，奴才等伏查布魯克巴部落外連英壤，內接藏疆，乃邊圍之屏藩，實相依為唇齒，此次夷酋巴竹奔洛膽敢背叛部長，圍攻營寨，搶擄百姓，震動邊疆，勢甚猖獗，經漢番委員等不避艱危，深入查辦，先解脅從，繼逼巢穴，首惡畏罪而自亡，餘黨懾威而聽命，然後調集兩造，推以信誠，解其夙昔仇怨，撫其顛沛難民，咸使懷德畏威，就我銜勒，即以弭蠻觸之紛爭，即以杜漁人之窺伺，洵能綏服屏藩，固吾疆圍，實非尋常勞績可比，自應從優請獎，以示酬庸，委辦布魯克巴夷務後藏糧員同知銜直隸州知州用試用知縣劉韓文擬請以知縣歸候補班遇缺前先補用，候選布照磨王琢章擬請免選本班，以按察司經歷歸部不論雙單月盡先選用，其餘隨同出力漢番員弁亦屬不辭辛苦，著有微勞，另繕清單，恭呈御覽，伏候恩施，以昭激勸，其漢番官兵口糧賞需等項均請於藏餉內核實造銷，所有布魯克巴夷務業經漢番委員查辦了結，邊疆一律安靜，擬將辦理此案尤為出力人員懇請從優給獎，以示鼓勵各緣由，謹恭摺具奏，伏乞皇太后，皇上聖鑒訓示，再奴才崇現在因病奏請開缺，合併聲明，謹奏。

光緒十二年七月

謹將此案隨同出力漢番文武員弁等彙繕清單，恭呈御覽，伏候恩施。

應陞之缺陞用候選從九品郭涵，候選巡檢李湘均請俟選缺後以府經歷在任補用。

應陞之缺陞用候選從九品袁澍請以州吏目歸部不論〔註56〕雙單月盡先選用。

〔註56〕原文誤作倫，今改正。

文生員黃舒錦請以巡檢歸部選用。

駐藏滿印房帖寫滿兵前鋒文錦，馬甲志文均請以驍騎校補用，先換頂戴。

五品頂戴拔補把總耿紹宗請以千總拔補。

五品頂戴把總用督標中營額外外委霍揚明請以把總拔補。

六品頂戴拔補外委馬永安請以把總拔補。

軍功陳國陞、王星明、劉福、韓朝相、龍澤沛、淩宗澍、黃友發等七名請以外委拔補。

花翎三品頂戴仔琫〔註57〕貢布汪曲請以噶布倫盡先補用並賞換花翎。

藍翎五品帕克里營官朗結彭錯，藍翎五品帕克里營官彭錯汪結，藍翎五品打孜〔註58〕營官彭錯汪堆均請以四品番官補用並賞換花翎。

五品碩第巴〔註59〕仔仲〔註60〕根登伊喜請以四品僧官補用。

五品江孜營官朗結策忍請以五品碩第巴調補並賞戴藍翎。

其餘出力漢番弁兵擬由奴才等酌量發給頂翎執照，以示鼓勵，合併聲明。

光緒十二年七月

再布魯克巴夷務完竣，經漢番委員等斷令以後該部落中部長及大頭目缺出，應由閤部落人等公同保舉眾所悅服之人稟由西藏商上轉稟駐藏大臣點充，不得擅自黜陟，並賞給頂戴翎枝，准接充頭目隨缺戴用，發給斷牌飭令遵守，均各遵依，出具切結完案，茲該委員等稟請發給頂翎執照前來，奴才等查該委員等所請自係為羈縻外番起見，應如所請辦理，除繕給頂翎執照札發漢番委員分別給領，准其隨缺戴用外，謹附片陳明，伏乞皇太后，皇上聖鑒，再奴才崇現在因病奏請開缺，合併聲明。謹奏。光緒十二年七月。

〔註57〕仔琫，清秩四品，管理銀庫之官。
〔註58〕打孜，《欽定理藩部則例・西藏通制》作達孜宗，宗在今西藏達孜縣雪鄉達孜村。
〔註59〕碩第巴，西藏噶廈所設之官職，五品，二人，碩第巴為管理布達拉一帶番民兼收錢糧之官。
〔註60〕仔仲，護衛法駕之喇嘛。

光緒十四年英寇侵併哲孟雄時之布魯克巴與清廷頒布魯克巴敕書印信

　　此部份之內容除標明出處者，其餘均錄自《西藏奏議　川藏奏底合編》之《光緒十四年十二月起至十八年五月止布魯克巴傾誠向化懇請頒給敕書印信祗領並襃獎各摺片全卷》，光緒十四年英寇侵入西藏屬部哲孟雄，布魯克巴惡英寇之屢次侵己，遣兵助西藏與英寇戰，然清廷畏葸無能，遣升泰入藏力阻甘丹頗章與英寇戰，婉謝布魯克巴之援軍，訂《中英會議藏印條約》，哲孟雄爲英寇侵佔，升泰鑒英侵哲孟雄事，故哲孟雄案結後，有頒布魯克巴印信以固結藩籬事，然清廷內政不修，此亡羊補牢之舉於藏政及保有布魯克巴者收效實微也。

一、駐藏大臣升泰奏哲布係藏地屬藩片

　　升泰片，再查藏番自作不靖，肇起兵戈，所有隆吐山〔註1〕南北本皆哲孟雄地方，再英人雖視爲保護境內，其實哲孟雄，布魯克巴皆西藏屬藩，每屆年底兩部長必與駐藏大臣呈遞賀稟，駐藏大臣厚加賞賚以撫綏之。在唐古特則自達賴喇嘛以次均有額定禮物，商上亦回賞緞疋銀茶，與兩部回信稿底均呈送駐藏大臣查核批准，照繕始行回覆，哲布兩部遇有爭訟亦稟由藏酌派漢番辦理，此哲布係是藏地屬藩之實在情形也，查布魯克巴，哲孟雄兩部長〔註2〕於光緒丙子〔註3〕等年曾經各遞夷稟，以洋人有窺藏之心，迭請早爲

〔註1〕隆吐山，今在哲孟雄境內一山名，原爲甘丹頗章所屬日納宗地，光緒十四年藏軍駐防於此。

〔註2〕布魯克巴，哲孟雄兩部長，指前文光緒二年周漆，扎西達結赴布魯克巴，哲

設法辦理，雖經前西藏糧員四望關通判周溁帶同戴琫札喜達結往辦，該員等略給賞需，衹取哲孟雄空結一紙，敷衍了事，不問事之是否可靠，亦不妥籌善後，惟圖粉飾目前，貽誤邊疆，其貽禍實自此始，嗣後哲夷知藏番並無遠慮，始放膽與洋人交接，又復貪利取租，以致洋人修路直至稔納〔註4〕，迄

孟雄阻止英寇借築路而謀侵藏之時賞給總堪布銜之布魯克巴部長歐柱汪曲，哲孟雄部長吐多朗結。

〔註3〕光緒丙子，即光緒二年，西曆一八七五年。

〔註4〕稔納，從隆吐修路直至稔納，可知稔納在亞東附近，是否稔納即乃堆拉或則哩拉。《清代藏事奏牘》頁六零一錄有藏人於藏南地形之說明，於此地之地理較爲明晰。

謹將藏南暨哲孟雄，布魯克巴部落地方形勢，開具圖說清摺，恭呈鈞鑒。查西藏江孜汛地，向設換防守備一員，戴琫一員，其屬帕克里管理隘口營官二員，其下有兩貢巴棍及寺院，並有上下卓瑪依，捻納，傾披，廓布，格壓，青蒼，隆吐，日納等地村寨百姓等住戶。日納之地。原係藏治本境，經前輩達賴喇嘛撥賞哲孟雄部民住牧，即交汝部長承管，領有商上印據執照，從此未放營官，其實仍爲藏地，又哲孟雄部長娶妻藏婦，向來翻山過藏屬帕克里一帶傾披地方，曾准乘涼避暑，其地原係藏屬卓瑪依六村轄境。該部長亦僅在彼修房住歇，餘地全歸商屬百姓自行收管。自熱納以外，西南是哲孟雄地方，東南係布魯克巴地方。查此哲、布兩地，教道風俗文字，皆與唐古特同，乃爲中國邊界以內之小部落，原係天朝子民。常年商上既有賞賜，遇有災沴，復加賑恤。不但此也，從前大皇帝欽差亦有因事賞給該部長職銜頂翎之案。每值新年哲布兩部長專差頭人進藏，在駐藏大人，達賴喇嘛以及掌辦商上諾們罕胡圖克圖，噶布倫等處呈遞吉祥哈達，土儀數事，叩賀新禧，駐藏大臣亦回賞各該部長庫存綢緞茶葉布等物，歷經報部有案。商上亦復回賞物件，口糧等項。是該哲，布二部落百姓等，遇事莫不謹遵漢番示諭。該哲布兩部落係歸天朝版圖爲民。該二部以外，方是印度甲噶爾之地。印度甲噶爾當初亦是佛國，並非天主等教，後被英吉利恃強侵佔，竟爾奴隸視之，遂在噶里噶達設立頭人卒伍。於是駐彼英吉利每年輒至哲孟雄部落之南境內大吉嶺一隅之地，夏季僑居一時而已，繼漸浸淫植樹種茶，設肆開行，久之逾嶺迤東至布魯克巴屬之噶倫繃地，再廣而至波棟地方，漸次侵佔，又由大吉嶺嶺東侵六十餘里，於從無渡口之藏取卡河畔，創修鐵鎖橋一座，以通牛馬。此橋迤東四十餘里，即係布屬噶倫繃地，轉北而波棟等處地方，任意建蓋洋房，往來居住。自侵布魯克巴後，益圖開拓之謀。上年潛至藏治本境之捻納山偷修道路。去年春夏之交，迭據邊報，有英官薩海麻克雷行將帶兵強自進藏之說，其後復有英人欲至藏治本境廓布地方蓋房之信，經我唐古特迎至中途，婉言理論，勸回出境訖。以此我唐古特更有戒心，是以在帕克里外藏治東路隆吐山要隘，建蓋碉樓卡房，常川駐紮，自守疆界。今奉飭查疆域界址，謹繪藏南輿圖，逐處貼說，呈請備案。圖內除鄰封不列外，藏治本境地方用正黃色，於西面轄境哲孟雄地方用淡紅色，於東南轄境布魯巴地方用淺藍色，凡路皆用土黃色，水皆綠色。凡我中國民居廟宇房舍皆正寫。哲孟雄，布魯

今仍係租界，此又藏中自失藩籬之根由也。藏番既不知優待邊籬，遇有哲孟雄受人欺凌，亦不爲之伸理，斯時漸覺洋人有逼己之心，忽又攘奪哲孟雄之地，以爲己有，更揚言哲夷私結英人，屢議起兵攻伐，以至夷哲內不自安，不免勾結，使英人雖不願多事而不能，藏番實自速其禍，此又藏印交兵之由來也，刻下藏番自四月十三日戰敗之後，不思設法弭患，猶復添調各路土兵，分由小道調至帕克里一帶，人無寧息，此時兵尚未撤，委員不便前往，且委員赴彼辦理查界事宜，係與英官何人會議未知究竟，應請飭詢英使〔註5〕由總理衙門知照藏中，俾後日得以遵辦，庶無隔閡，至近年藏番異常習險，刻因自啓兵戈，遠沐聖慈，設法保衛，尚不自知感悟，即此次接奉特旨，第穆〔註6〕及噶布倫中一二人，其意極願遵旨速行撤兵，乃有僧俗數人敢於出頭阻撓，因而附會者實繁有徒，竟至語侵第穆，實屬狂悖，似難姑容，第藏衛距川省太遠，餉絀兵單，當此邊荒多故之時，無事不形掣肘，奴才當出之審愼，籌慮萬全，是以受事兩月以來，雖中情日夜焦灼，終不敢操之過急，轉啓藏番無限要脅之求，唯有相機駕馭，期其漸就範圍，不致另生枝節，以冀上紓西顧之憂耳，謹奏。

　　光緒十四年九月十九日奉上諭，升泰奏遵旨傳諭第穆呼圖克圖並查明藏哲界址，開導情形各摺片明晰周詳，動中肯綮〔註7〕，現據總理衙門轉奏劉瑞芬〔註8〕八月二十六日電信內稱印兵在熱勒巴拉山〔註9〕近處與藏兵交戰，藏

　　　　克巴境內，現有英人住房各處，則倒寫以別之，庶期醒目。圖內既已逐一帖
　　　　說，茲並撮舉大綱，以當總敘云爾。爲此小的闔藏僧俗大眾公同出具圖記呈
　　　　單是實。
〔註5〕英使，指庫滿（Alexis Coumany）光緒十二年十月二十八日至光緒十六年閏二
　　　　月十二日任英國駐華公使。
〔註6〕第穆，指第穆呼圖克圖阿旺洛桑稱勒拉普結，通善濟嚨呼圖克圖阿旺班墊曲
　　　　吉堅參於光緒十二年圓寂後掌辦商上事務，直至光緒二十一年十三世達賴喇
　　　　嘛已經二十歲親政後卸職，光緒二十六年，十三世達賴喇嘛以謀咒殺自己爲
　　　　名而囚之，圓寂於囚所，至宣統二年，駐藏大臣聯豫與十三世達賴互惡之，
　　　　聯豫乃奏第穆呼圖克圖之案爲冤而平反之。
〔註7〕原書作綮，今改正。
〔註8〕劉瑞芬（一八二七～一八九二年），字芝田，安徽貴池人，以諸生入李鴻章幕
　　　　府，光緒十一年受命出使英俄等國，後雖被授爲太常寺卿，遷大理寺，但仍
　　　　留任爲大使，改駐英法意比等國家，光緒十五年劉被召回國任廣東巡撫，光
　　　　緒十八年卒於任所。
〔註9〕熱勒巴拉山，藏人並無此名，乃英寇侵藏之時所名也，即今日所謂咱利拉山
　　　　者，今哲孟雄與西藏之交界，在亞東縣極南界。

兵傷亡數百，印兵追〔註10〕入微畢山岔〔註11〕等語。九月十五日電稱接英外部照覆云，藏兵來攻納東〔註12〕英營，統領克拉哈馬〔註13〕已遵印度政府之諭，不可佔據西藏之地，故追〔註14〕入微畢山後立即退回，並接印督〔註15〕來信云駐藏大臣擬於十月初三由拉薩起程赴邊界，印督已派政事官保爾〔註16〕前往會晤，並云現在駐藏大臣調處，甚望邊界之事速行了結等語。與該大臣片奏所稱非再搏一戰，難望轉機之言情形脗合，該大臣想已與保爾會晤，藏哲界址既已查明，印度又有甚望速了之語，著即熟商妥辦，一面嚴飭藏番勿得再出滋事，即將會商情形隨時飛咨劉秉璋〔註17〕迅速電奏，以慰廑念。（《清季外交史料》光緒朝卷七十七，頁一四）

二、敬密陳者

　　印藏邊務，奴才現在已折回仁進崗〔註18〕，竭力設法將藏番之兵陸續迅籌議撤，該番亦已集議，不久當可分起遵辦，所難者惟分界通商兩大端耳，通商之事本已開導數年，因該番始終固執，歷任辦理迄無成效，刻又嚴飭委員無論如何導諭，期在必行，該委員等不辭勞怨，夙夜在公，藏番冥頑不靈，舌敝唇焦，開導實非易事，至哲孟雄事，奴才到後，即據部長〔註19〕之母率其親族頭目迭次具稟，云英官當年立約曾經議明無論如何不得過日喜曲河〔註20〕，即此番查勘之處，又云哲孟雄租地與英，每年應收洋錢十二千元，英人倚其國勢，多年不給，本年印藏構釁，以致洋人興師，殃及池魚，伊部

〔註10〕原文作返，今改追。
〔註11〕微畢山岔，似即春丕山岔。
〔註12〕納東，即亞東。
〔註13〕克拉哈馬，即 Graham，《英國侵略西藏史》譯名格雷謨。
〔註14〕原文作返，今改追。
〔註15〕印督，以時間推算之，當為印度第三十二任總督達弗林伯爵（The Earl of Dufferin），任職期一八八四年十二月十三日至一八八八年十二月十日。
〔註16〕保爾，即 C.A.Bell，漢譯貝爾，保爾等。
〔註17〕劉秉璋（一八二六～一九〇五年），字仲良，安徽廬江人，咸豐十年（一八六〇年）進士，後入淮軍，光緒元年任江西巡撫，光緒八年任浙江巡撫，光緒十二年任四川總督，查辦重慶教案為西方諸強迫而被清廷去官，光緒三十一年卒。
〔註18〕仁進崗，在今西藏亞東縣駐地南。
〔註19〕部長，即吐多朗結，《山頂王國錫金》一書所載之哲孟雄第九任部長圖托布，同治十三年至中華民國三年任職。
〔註20〕日喜曲河，在日納宗與白棟之間之一小河。

長母子親族實不願投歸英人，千萬乞奴才勿將哲境畫出聖朝版圖之外，其稟仍由藏番轉呈前來，奴才查哲孟雄本屬小部，密邇強鄰，地在極邊，本年印藏用兵，被英人將哲地掠取全土，復將部長押赴噶倫繃〔註21〕安置，又用重兵將部長向駐之扛多〔註22〕地方據守，該部長流離轉徙，情亦可矜，皆由藏番昏愚，平日失於撫馭，以致刻下無法挽救，現據查界委員嵇志文〔註23〕、張騰蛟〔註24〕等稟稱，洋營後路隆吐山上下洋人分段紮營五處，波棟〔註25〕尚有大營約計有兵數千，又將隆吐道路修改，用費頗巨，哲境以內召來印度及廓爾喀游民，開地墾荒不遺餘力，該部首鼠兩端，亦勢不由己，據稟各情如必照該部所請辦理，恐洋人以用兵之後，斷難拱手相讓，空費數十年窺伺陰謀，邊事必遽難結局，倘竟棄若敝屣，弗與英人計較，不但藏番中情不服，亦覺啓各部私相勾結之風，是以此番會議衹許其保護而必爭照舊二字，亦不過留此名色，使藏番不至因奴才辦理邊事失去屬藩，即可以捏造蜚語，並可藉此羈縻布魯克巴，以為亡羊補牢之計，此奴才力爭照舊二字之苦心也，至布魯克巴地大物博，民俗強悍，其地數倍哲孟雄，實為前藏屏蔽，西人呼為布丹國，該部上年曾經入貢，繼而免去，其部長向無印信，亦無封號〔註26〕，此番奴才到邊，該部長〔註27〕派兵千七百人來營效力，奴才正飭藏兵遣撤，豈可留此多人，致貽藏洋口實，是以重給賞需，以大義飭其速回，許以事後當為之代懇天恩，該部長歡忻鼓舞，仍留頭目數人在此聽候，並以其部逼近

〔註21〕噶倫繃，即今多譯作噶倫堡者。

〔註22〕扛多，即今哲孟雄之首府，多譯作甘托克者。

〔註23〕嵇志文，字庚樓，升泰入藏時奏調入藏辦事，歷任拉哩等地糧務，後與駐藏大臣奎煥不和，為奎煥奏參押解回川，後為鹿傳霖所用辦理川邊藏務，著有《西藏全圖附說》一卷。

〔註24〕張騰蛟，據《袁世凱奏議》知，張騰蛟四川郫縣人，咸豐年間投效軍營，同治元年隨剿陝西鳳翔府回亂，四年至十一年，隨防甘肅，屢次作戰，光緒七年隨同伊犁參贊大臣升泰，前赴塔爾哈巴臺，科布多等處劃分地界，收還伊犁，十一年三月升泰調赴藏印邊界，總理行營營務，并隨同劃界訂約，十七年隨赴仁進岡辦理邊務，積功以總兵記名簡放，二十年引見，發往江蘇，臨行清德宗召見之，兩江總督劉坤一委辦營務，幫辦自強軍洋操，駐防吳淞，二十四年移駐江陰，是年七月奏賞加提督銜，二十七年調赴山東，十月調直隸，隸袁世凱，與義和團作戰，光緒二十八年六月二十四日病逝於保定。

〔註25〕波棟，即白棟，原為布魯克巴地，今為印度侵佔。

〔註26〕其部長向無印信，亦無封號，揆之前文即雍正年間布魯克巴投誠之史實，此處敘述實誤。

〔註27〕部長，即《現代不丹》一書所載之揚洛布‧桑吉‧多爾吉，漢譯名奪吉洛布。

印度，若無印信，難昭信守，奴才飭彼詳具該地情形呈稟查核，一面派人查勘該處隘口，再爲辦理，容俟續陳，所有折回仁進岡開導藏番布置諸務各情合再附片密陳，伏乞聖鑒訓示，謹奏。光緒十四年十二月二十六日。《西藏奏議　川藏奏底合編》

　　光緒十五年二月十一日奉旨，升泰奏移營仁進崗，開導藏番，布置諸務暨請刊用關防各摺片，覽奏均悉，哲孟雄與英國立約租地，事屬已成，無可挽救，該國本在版圖之外，現在勢窮力竭，願求內附，若照所請辦理，英人窺伺已久，必不相讓，殊於藏事無益有害，該大臣許其保護而爭照舊二字，所見甚是，布魯克巴派兵來營效力，該大臣犒賞，飭其速回，所辦亦中肯綮，總之此時唯有就事論事，將藏案妥籌完結，若別生枝節，必致貽誤大局，諒該大臣必能體會此意也，長庚〔註28〕到任後，著暫緩赴邊，即由升泰知照該大臣知悉，升泰於此事情形已熟，即著責成一手經理，該大臣務當勉爲其難，與英官細細磋磨，一面督飭委員開導藏番，使之漸就範圍，用副委任，總理衙門所派翻譯官赫政〔註29〕係赫德之弟，聲稱年內可抵仁進崗，復因大雪封山，未能即行前進，現天氣漸和，想可漸到，可以與之和衷商酌也。（《清季外交史料》光緒朝卷七十九，頁二三）。

三、欽差駐藏大臣升

　　呈開己丑年〔註30〕十二月　日布魯克巴巴竹逵洛屬下頭目懇請欽憲大人賞給頂戴，開具名單。

　　　　巴竹森琫索巴擺噶爾賞給四品頂戴。

　　　　內務森琫崙珠賞給四品頂戴。

　　　　管兵頭目普皆汪曲賞給五品頂戴。

　　　　終薩逵洛替身森琫賞給三品頂戴。

　　　　其餘番目仍請大人酌賞頂戴。

〔註28〕長庚，字少白，伊爾根覺羅氏，滿洲正黃旗人，光緒十四年正月癸酉，命以伊犁副都統往藏辦事，接文碩爲駐藏辦事大臣，十六年調伊犁將軍，二十七年任成都將軍，三十年改兵部尚書，三十一年爲伊犁將軍，陝西總督等職，辛亥革命後去職，民國四年卒。

〔註29〕赫政（Hart James Henry），爲清海關總稅務司赫德胞弟，光緒十四年英侵藏，赫政奉命入藏協助升泰辦理與英交涉事宜。

〔註30〕己丑年，光緒十五年，西曆一八八九年。

竹結宗〔註31〕營官滾桑丹增。

洛洽娃儅曲策忍。

浪棟仲〔註32〕巴洛布策丹。

理合開單陳明。

駐藏辦理藏印邊務大臣升爲給照事。

案據布魯克巴部長專差頭目巴竹遜洛來營稟稱，屬下頭目營官等均有微勞，懇請給予頂戴執照，以資觀感等情，自應准如所請，以示鼓勵，除附片陳明外，合填預印空白給照，爲此照仰該終薩替身森本，巴竹森瑋索巴擺噶，內務森瑋崙珠，管兵頭目普布汪曲，竹結營官滾桑丹增，儅曲策忍，洛布策丹，准其戴用四五六品頂戴可也，須至執照者。

照給

四品頂戴終薩替身森本。

五品頂戴巴竹森本索巴擺噶，內務森本崙珠。

六品頂戴管兵頭目普布汪曲。

六品頂戴竹結營官滾桑丹增，儅曲策忍，洛布策丹。

光緒十五年正月　　日

四、爲札覆事

案據該部長稟稱，竊查布魯克巴自從前以來原歸大皇帝屬下子民，小部落之人曾有呈進貢物夷稟之例，近來係因微末部落地方甚小，以致不能呈進貢物夷稟，兼以本地黃教不免之災，披布兩相不睦，故將布屬邊境甲昔各地方失守之時，屢與藏中具稟，雖屬未蒙作主，曾經本屬現在之人亦無附和他方，有壞佛教重務情事，設法盡心竭力，次第辦理，保守邊疆，所有邊隘地方被害何等情形，均在大人及各委員洞鑒之中，茲小的布屬官員頭目僧俗大眾公派大小替身等層次前赴各站稟見並陳訴，我屬地方先後敬謹體顧佛門教道，竭力保守大皇帝邊疆，一切情形，總求施恩撫恤，小的們從前披布不睦之時，布魯克巴之人實係財力不敵，袛得兩相和息，將失去邊界甲昔割地任他霸佔，每年撥給布魯克巴地租銀錢，現在交收，今懇者歷任部長經管地方內外別國是誰永遠不准藉故擾害等情，務求邀懇聖恩，賞給蓋用寶印敕書一

〔註31〕竹結宗，待考。

〔註32〕浪棟仲，即浪工。

道，從優獎賞頂戴職分，並賜辦事鈐用印信一顆，務望大人轉邀天恩，俯賜允准，小的自應仰體大皇帝鴻恩，誠心顧念黃教，保守邊疆，將來可無他患，設恐不免之災，倘有他虞，隨時准其具稟，此項例規請於大皇帝案卷內注明，務懇准如所請，則沾恩典，伏思小的若得此項賞賜敕書印信，僅足威鎮外敵，因地處極邊，復懇請與東面曲仔〔註33〕透洛及西面仁綳透洛等各賞賜敕書印信，其該二員所懇開列於後，總望施恩賞准，是所盼禱，為此叩稟等情，並將該二頭目所請各情一併由該部長轉稟前來，據此查該部長等所請頒賞敕書印信係因保守邊疆，誠心出力起見，本大臣自應據情具奏，一俟奉到諭旨，再行恭錄行知，至請賞爵秩一節，查爵秩乃係有功於國者，始能出自大皇帝天恩特賞，非臣下所能自請，除分別具奏外，合填預印空白黏用漢番合璧札覆，為此札仰該部長遵照，即便聽候具奏，並轉飭各頭目知照可也，勿違，特札。

　　札布魯克巴部長

　　光緒十五年正月　日

五、為咨明事

　　竊照本大臣於光緒十五年正月二十五日在邊具奏為布魯克巴傾誠向化，懇請頒給敕書印信，責令防守邊隘，以固藩籬一摺，除俟奉到硃批另行恭錄咨明外，所有摺稿合行抄錄咨明，為此合咨貴督部堂^{將軍}，請煩查照施行，須至咨者。計咨摺稿一件。

　　右咨

　　川督部堂

　　成都將軍

　　光緒十五年二月　日

六、欽命總理各國事務衙門為咨行事

　　光緒十五年三月初八日準軍機處鈔交駐藏幫辦大臣升奏布魯克巴傾誠向化一摺，奉硃批，該衙門議奏，欽此。本衙門會同理藩院於四月十七日具奏，奉硃批，依議，欽此。相應恭錄諭旨，抄錄原奏，咨行貴大臣欽遵查照可也，

〔註33〕曲仔，即終薩。

－212－

須至咨者。

　　右咨

　　駐藏辦事大臣

　　光緒十五年四月　日

七、奏爲布魯克巴傾誠向化懇請頒給敕書印信責令防守邊隘以固藩籬恭摺仰祈聖鑒事

　　竊奴才於光緒十四年十二月二十八日奏明由納蕩〔註 34〕折回仁進岡〔註 35〕開導藏番，曾將布魯克巴懇求賞給印信大概情形附片奏陳在案，本年新正初六日據布魯克巴部長桑結奪吉〔註 36〕呈遞夷稟，據稱該部本係大皇帝屬下邊藩，雍正年間曾經附驛奏書，進獻方物，闔部均奉佛教，上年披布不睦之時，布魯克巴實屬財力不及，祗得兩相和息，披楞佔我布屬甲昔地方，按年撥給地租，至今仍然交收，彼此並無異議，我布魯克巴亦未有他向之心，惟我布屬部長及辦事之人向未得蒙賞有印信，不能見重於人，今求駐藏大臣邀懇聖恩，賞給部長及東西兩路辦理部務之人敕書各一道，並辦事印信各一顆，如蒙轉邀天恩，俯賜允准，小的布屬官民自應仰體鴻恩，誠心顧念黃教，力守邊疆，可無他患，如外洋人之心但有不法，即當力爲堵禦，飛速具稟，倘蒙代爲奏請，我闔部人等必能併力效命，爲大皇帝力守南荒，曷勝感激等情，據此，奴才查布魯克巴向係我藏衛藩服，民俗強悍，菁密山深，其地北界前藏，西界哲孟雄，帕克哩在其西北，藏布之界在核納、者莫納兩山〔註 37〕，又東界貉貐，南界印度，西南與獨吉嶺緊連，東西之界約一千餘里，南北亦五六百里，該部北行不經帕隘可至前後藏江合流之曲水，到拉薩布達拉不及十站，實爲前藏緊要屏藩，上年哲孟雄部，藏中因悠忽置之，遂致與英人私相結附，始有隆吐挑釁之事，茲查布魯克巴地土之大數倍於哲孟雄，且距前藏甚近，密邇相連，似不可一誤再誤，至該部上年曾與英人搆兵，印兵尙復小挫，因恐英人以全力相搏，是以僅將甲昔地方噶倫繃〔註 38〕、白棟兩處租與英人種茶，每年收取地租萬餘金，迄今仍係租界，刻與英人並無

〔註 34〕納蕩，即那塘，今在哲孟雄境內，過咱利拉山不遠處。

〔註 35〕仁進岡，在今西藏亞東縣南。

〔註 36〕桑結奪吉，即《現代不丹》一書所載之揚洛布‧桑吉‧多爾吉。

〔註 37〕核納，者莫納兩山，者莫納山即前文屢提及之哲莫拉山。

〔註 38〕噶倫繃，即噶倫堡。

他故，茲既據自行呈稟，懇請前來，亟宜設法羈縻，藉作補牢之計，合無仰懇天恩，俯念邊地緊要，查照西人所呼布坦之名，賞封該部長喇嘛桑結奪吉布坦部長諾門罕名號，准其世代承襲，並懇飭下撰給防守邊疆敕書一道，並諾門罕印信一顆，其東西兩奔洛係該部總辦部務之人，因部長係屬喇嘛，部務悉交兩奔洛辦理，應請札薩克二等台吉名目，分別各給敕書印信一分，擬其文曰辦理布魯克巴事務東路奔洛札薩克印，其西路奔洛更一西字，倘蒙俞允，則該部必能仰體聖恩，盡心邊事，當不至如哲孟雄之私附強鄰，於邊務不無有裨，庶及時挽救，來者可追，奴才愚昧之見，是否有當，理合專摺具陳，伏乞皇太后，皇上聖鑒，謹奏，請旨。

　　硃批，該衙門議奏。

　　光緒十五年正月二十五日（《光緒朝硃批奏摺》第一一一輯，頁二四六）

八、總理各國事務多羅慶郡王臣奕劻跪奏為遵旨議奏事

　　光緒十五年三月初八日準軍機處鈔交駐藏幫辦大臣升泰奏布魯克巴傾誠向化一摺，本日奉硃批，該衙門議奏，欽此，查原奏內稱，上年十二月因開導藏番，曾將布魯克巴懇求賞給印信大概情形奏陳，本年正月據該部長桑結奪吉稟稱，雍正年間該部曾經附驛奏進方物，惟部長及東西兩路辦理部務之人向未蒙賞有印信敕書，今求駐藏大臣奏懇聖恩，俯賜允准等情，據此，奴才查該部向係藏衛藩服，幅員之廣，數倍於哲孟雄，且距前藏布達拉不及十站，實為緊要屏藩，既據自行懇請，亟宜設法羈縻，合無仰懇天恩，賞封該部長喇嘛桑結奪吉布坦部長諾門罕名號，准其世代承襲，並請飭下撰給防守邊疆敕書一道，並諾門罕印信一顆，其辦理部務東西兩奔落應請賞給札薩克二等台吉名目，各給敕書印信一分，擬其文曰辦理布魯克巴事務東路奔落札薩克印，其西路奔落更一西字，等語，總理各國事務衙門查布魯克巴部在喀木衛藏極南徼外，西與哲孟雄，廓爾喀毗連，南界印度，向係尊崇黃教，敬稽《會典》，雍正十二年理藩院覆准封布魯克巴呼畢勒罕喇嘛扎爾西里布魯克顧濟為掌管布魯克巴黃教扎爾西里呼畢勒罕，諾顏林沁齊雷喇卜濟為額爾德尼第巴，噶畢多魯卜為掌管地方噶畢東魯卜喇嘛，各給與敕印，是該部向來舒誠效順，久隸艸莽，惟地處遐荒，僅止羈縻弗絕，未嘗列於職方，歷年既遠，從前所頒敕印後來傳與何人亦已無可稽考，今該部長桑結奪吉慕義向風，籲求內附，情詞極為恭順，臣等公同商酌，應如駐藏大臣所請，特沛

恩施，俾得憑仗天威，保衛邊圍，於時局實有裨益，查衛藏舊制，佐理黃教事務向設有諾門罕名目，至辦理藏務之番官亦有授爲札薩克一二等台吉者，該大臣所請賞封名號及頒給敕印之處，應由理藩院參酌成案辦理，理藩院查臣院辦理番眾封爵番僧名號向係奏准後，按其封爵名號辦給敕書印信，今該大臣以布魯克巴部傾誠向化，奏懇天恩，封該部長喇嘛桑結奪吉布坦部長諾門汗名號，准其世代承襲，並請飭下撰給防守邊疆敕書一道，諾門汗印信一顆，其辦理部務東西兩奔落應請賞給札薩克二等台吉名目，各給敕書一道，自係爲責令管轄部眾，綏靖邊防起見，所請飭下給與該部長防守邊疆敕書一道，實與臣院向辦番僧管轄徒眾敕印不同，亦未辦過似此成案，但察看現在西藏局勢未定，似宜推廣皇仁以撫其眾，可否如該大臣所請，伏候聖裁，總理各國事務衙門查現在駐藏大臣升泰駐紮邊境，正與英官會議藏印事宜，尚未就緒，如蒙俞允，臣等先行知照該大臣，仍俟藏邊議有成約，局勢大定，再將應頒敕印由驛遞交該大臣宣布皇仁，頒給該部長祗領，以廣聖澤而輯邊情，所有臣等遵議緣由，理合恭摺覆陳，伏乞皇上聖鑒，再此摺係總理各國事務衙門主稿，會同理藩院辦理，合併陳明，謹奏。

奉旨，依議。

光緒十五年四月十七日

總理各國事務多羅慶郡王臣奕劻。

協辦大學士戶部尚書臣宗室福錕，假。

吏部尚書臣錫珍，感冒。

軍機大臣兵部尚書臣許庚身。

軍機大臣刑部尚書臣孫毓汶。

戶部右侍郎臣續昌，差。

戶部右侍郎一等毅勇侯臣曾紀澤，感冒。

禮部右侍郎臣廖壽恒。

兵部左侍郎署刑部右侍郎臣徐用儀。

大學士管理理藩院事務臣恩承。

理藩院尚書臣嵩申。

理藩院左侍郎臣恩棠。

理藩院右侍郎臣慶福，假。（《光緒朝硃批奏摺》第一一一輯，頁二四七）

九、奴才升泰跪奏爲邊事完案請將前次奏懇天恩賞封布魯克巴部長諾門罕及札薩克等敕印由驛頒發祇領以綏疆圉而專責成恭摺仰祈聖鑒事

竊查布魯克巴輸誠向化，懇求內附，經奴才據情奏請賞加封號，光緒十五年四月二十三日準兵部遞回原摺，奉硃批，該衙門議奏，欽此，六月十四日承準總理各國事務衙門咨行，以布魯克巴傾誠向化，曾經會同理藩院衙門會議具奏，奉硃批，依議，欽此，相應恭錄諭旨，鈔錄原奏咨行，欽遵查照等因，查原奏內開現在駐藏大臣升泰，住紮邊境，正與英官會議藏印事宜，尚未就緒，如蒙俞允，臣等先行知照該大臣，仍俟藏邊議有成約，局勢大定，再將應頒敕印由驛遞交該大臣宣布皇仁，頒給該部長祇領，以廣聖澤而輯邊情，尤見總署王大臣慮深謀遠，茲幸藏印分界立約局勢已定，該布魯克巴頭目聞奴才折回，早經在營候示，奴才復查布魯克巴地大物博，南通印度隘口，其路共十有三條，其尤爲要緊者乃東南隅之扎喜岡〔註39〕，與印度相連，中隔布坦之界僅一日即係藏南之翠南〔註40〕營官地面，而翠南乃藏屬貿易繁茂之所，是以英人亟欲求通此道，假言進藏禮佛，屢向布魯克巴借徑，布人弗允，又布屬之疊瓦塘〔註41〕地方，氣候溫和，地道平坦，在白棟之東，英人擬租此地爲埠頭，又欲將火車鐵路接修至此，曾以重貲賄布酋，布人亦不之許，此獨脊嶺〔註42〕漢番之所共知也，奴才詳加審察，布坦一地實爲藏地第一緊要屏藩，亟宜加意羈縻，是彼心知感激，日後可期大爲我用，刻下藏印之案已結，合無仰懇天恩，飭部迅將敕印由驛遞藏，俾奴才可以派員齎往，面告部長詳盡一切，宣布皇仁，務使該部心知感戴，力固南藩，實於藏務有裨，除將所請印信印文由奴才擬就，並繕夷文，咨請禮部查照外，理合恭摺具陳，伏乞聖鑒，謹奏。

光緒十六年四月初一日

硃批，該衙門知道。（《光緒朝硃批奏摺》第一一一輯，頁二五一）

〔註39〕扎喜岡，即《現代不丹》一書所載之塔希岡宗。
〔註40〕翠南，《欽定理藩部則例・西藏通制》作錯拉，爲五品邊境宗，與布魯克巴接壤，即今西藏錯那縣。
〔註41〕疊瓦塘，待考。
〔註42〕獨脊嶺，即大吉嶺。

十、升泰請東西二奔洛示以區別片

再奴才前摺請將布魯克巴兩奔洛分爲東西，同辦該部內一切事宜，均請封以二等台吉札薩克名目，已經總理各國事務衙門理藩院會議奏奉諭旨允准在案，茲奴才在邊兩載，節次查詢布夷情形，始知該處地方大小事宜悉由東路之中薩奔洛辦理，布夷亦極信服，西路之巴竹奔洛祇能幫同料理，向在該處與中薩稍有等差，擬請頒發敕印，於印文印式略示區別，及札薩克名目亦分爲正副字樣，以符該處舊章而免有侵權爭競之弊，奴才謹分別擬就印文並繕夷字咨送各衙門查核辦理，合併附片陳明，謹奏。

硃批，該衙門知道。（《光緒朝硃批奏摺》第一一一輯，頁二五二）

十一、爲咨呈明事

竊照本大臣於光緒十六年四月初一日在邊具奏，爲邊事完案，請將前次奏懇天恩，賞封布魯克巴部長諾們罕及札薩克等敕印懇請由驛頒發祇領一案，各摺片除俟奉到硃批另行恭錄咨呈明外，所有摺片各稿合先抄錄咨呈明，爲此合咨貴部，衙門，院，請煩查照施行，須至咨呈者。計咨呈摺片稿各一件，印文清單一件。

右咨呈咨
總理衙門
禮部
理藩院

十二、爲札知事

照得上年藏印交兵，本大臣親臨邊境，曾據該部長稟請奏懇天恩，賞頒敕印等情，本大臣因該部長傾誠向化，曾經據情代懇大皇帝殊恩，光緒十五年四月二十三日兵部遞回原摺，奉旨，該衙門議奏，旋準總理各國事務衙門咨開，會同理藩院議奏，准如所請，奉旨，依議，欽此。惟總理衙門咨明以藏印邊事尚未就緒，應俟藏邊議有成約，局勢大定，再將應領敕印由驛遞藏，轉給該部長祇領等由，承此，查藏印邊事本大臣親赴印洋，現經立約畫押，藏印交兵重案業已完結，所有該部長前懇賞頒敕印，茲本大臣於光緒十六年四月初一日附片奏懇天恩，飭部迅將敕印由驛遞藏，應俟遞到之日，本大臣再當派員賫送該部長祇領，合亟粘用漢番合璧，先行札知，爲此札仰該部長即便欽遵知照可也，特札。

　　札布魯克巴部長

　　光緒十六年三月　　日

十三、爲恭錄咨呈明事

　　竊照本大臣於光緒十六年四月初一日在邊具奏，爲邊事完案，請將前次奏懇天恩，賞封布魯克巴部長諾們罕及札薩克等敕印懇請由驛頒發祗領一案各摺片，當經摺片稿抄錄咨呈明在案，咨於本年六年二十九日奉到硃批，該衙門知道，欽此，欽遵，相應恭錄咨呈明，爲此合咨貴部，衙門，院。請煩欽遵查照施行，須至咨呈者。

　　右咨呈咨

　　總理衙門

　　禮部

　　理藩院

　　光緒十六年七月　　日

十四、理藩院爲咨行事

　　準總理各國事務衙門文稱，本衙門會奏，藏事大定，請頒給布魯克巴部長敕印，恭摺仰祈聖鑒事，光緒十六年五月十六日準軍機處抄出駐藏大臣升泰奏，邊事完案，請將布魯克巴部長等賞給敕印一摺，奉硃批，該衙門知道，欽此。又奏布魯克巴東西兩奔洛擬請於印式略示區別一片，奉硃批，該衙門知道，欽此。臣等查前準該大臣奏，布魯克巴傾誠向化，懇求賞加封號，當經總理各國事務衙門會同理藩院議准，並請俟藏邊議有成約，局勢大定，再將應頒敕印發給等因。於上年四月十七日覆奏，奉硃批，依議，欽此，欽遵在案，茲據該大臣奏稱，邊事完案，請將前次奏准賞給敕印迅即由驛遞藏等語。臣等查該部落地方毗連印哲，爲衛藏緊要屏藩，現當界務完結，邊境綏安，自宜加意拊循，俾深感戴，至該大臣原片內稱，在邊兩載，節次查詢情形，始知該處地方大小事宜悉由東路之中薩奔洛辦理，其西路之巴竹奔洛祗能幫同料理，與中薩稍有等差，擬請於印文印式略示區別，及札薩克名目亦分爲正副字樣，擬就印文並繕夷字咨送各衙門查核辦理等因，臣等查東西兩奔洛既經該大臣查有等差，自應分別正副字樣辦理，相應請旨飭下各該衙門查照該大臣此次咨送印文，分別製造印信，繕具敕書，發交該大臣轉給該部長等祗領，所有請給布魯克巴部長等敕印緣由理合恭摺具陳，伏乞皇上聖鑒，再此摺係總理各國事務衙門主稿，會同理藩院辦理，合併陳明，謹奏。

於光緒十六年六月初十日具奏，本日奉硃批，依議，欽此。等因前來，相應咨行駐藏大臣查照辦理可也，須至咨者。

右咨

駐藏大臣

光緒十六年六月　日

十五、爲檄諭事

照得光緒十七年二月初九日準禮部咨，儀制司案呈所有具奏添鑄布坦部長諾們罕印，辦理布魯克巴事務東路奔洛正札薩克印，幫辦布魯克巴事務西路奔洛副札薩克印，共三顆，繕模進呈一摺，於光緒十六年十二月十三日具奏，奉旨，知道了，欽此。相應抄錄原奏知照駐藏大臣可也。計單一紙，等因。准此，合亟粘用漢番合璧檄諭，爲此諭仰該部長即便遵照，一俟印信頒發由驛遞到之日，再行派員賚送該部長祗領，知照可也，特札。計抄摺稿一件。

檄諭布魯克巴部長

光緒十七年二月　日

十六、禮部謹奏爲進呈印模事

前經臣部具奏，添鑄布坦部長諾們罕印，總辦布魯克巴事務中薩奔洛正札薩克印，布魯克巴巴竹奔洛副札薩克印，共三顆，請旨遵辦一摺，於光緒十六年九月初十日具奏，奉旨，著用清漢夷三體篆文，餘依議，欽此。臣部正在遵辦間，復準駐藏大臣繕單飛咨到部，臣等查閱來單，內開前項印信印文均有更改字樣之處，當經臣部將印模滿漢篆文改繕，照例移送內閣繕寫托忒〔註43〕字樣，茲據繕就送部，理合進呈御覽，伏候命下，臣部趕緊鑄造頒發，爲此謹奏。

〔註43〕托忒，此處當爲唐古忒之誤，托忒爲清時期由蒙古和碩特部喇嘛咱雅班第達創製的一種蒙古文，以求拼音更吻合衛拉特方言的發音，更容易轉寫藏文和梵文的音譯詞。

十七、爲檄諭事

　　照得該部長傾誠向化，前經邊案完結，本大臣具奏請頒發布魯克巴部長暨正副札薩克等敕印在案，茲於光緒十七年四月十一日承準總理各國事務衙門，爲咨行事，前準貴大臣咨稱，所有奏請頒發布魯克巴部長暨正副札薩克等敕印，迅即由驛遞藏等因，咨准內閣、禮部，先後將敕諭三道、印信三顆咨送到署，相應備文發交兵部由驛遞藏，即希貴大臣查收轉給祗領，並將收到轉給各日期聲覆備查可也。計咨木匣一個，內裝印三顆，竹筒一個，內裝敕諭三道等因，承准此，本大臣不日即將派員賷送該部，合亟粘用漢番譯行該部長等知照，迅備夫馬，專派頭目恭迎到部祗領可也，此諭。

　　檄諭布魯克巴部長等。

　　光緒十七年四月　日

十八、爲檄諭事

　　案準理藩院咨開，準吏部片，查前經總理各國事務衙門〔註44〕會同本部具奏之部長桑結奪吉等各撰給敕書一道，其總辦布魯克巴事務中薩奔洛正札薩克，及布魯克巴巴竹奔洛〔註45〕副札薩克，應各賞給敕書一道，唯該正副札薩克兩員現係何名，原奏並未聲敘，亦未據該大臣另案咨報，本部無憑譔擬，事關藏務，未便久懸，等因前來，相應咨行駐藏辦事大臣迅速查明該兩奔洛正副札薩克二員究係何名，趕緊聲覆報院以便轉覆可也，等因，准此，合行檄諭，爲此，諭仰該布魯克巴部長即便遵照，迅將兩奔洛正副札薩克二員之名趕緊據實飛稟來轅，以憑咨部核辦，勿得延宕，是爲至要。切切。特諭。

　　諭布魯克巴部長。

　　光緒十七年七月　日。

十九、爲咨覆事

　　案據布魯克巴部長稟稱，案奉大人札開，準理藩院咨開，準吏部片查云云，是爲祗要，切切等因，奉此，當即遵照示諭，將布魯克巴終薩逵洛名烏

〔註44〕此處補一門字。
〔註45〕原文漏一洛字，今補之

堅汪曲，巴竹逵洛名四郎汪堆，伏乞轉咨施行，等情。據此，相應咨覆，爲此合咨貴院，請煩查照辦理施行，須至咨覆者。

　　右咨覆

　　理藩院

　　光緒十七年十月　日

二十、爲札行事

　　案據營務處張鎮單呈，竊選得巡捕一員張文元，戈什哈〔註46〕二名周克先、郝渡雲，譯字房一名馬永安，通役一名，跟丁五名羅得喜、張義忠、潘洪順、馬恩祿、李玉陞護送布魯克巴敕書印信到境，懇請照例發給馬牌，以利遄行，並懇札飭該營遵照外，理合具單呈請，伏乞俯賜賞准施行，等情，准此，除繕給發馬牌外，合亟札知，爲此札仰該游擊即便轉飭知照可也，特札。

　　札西藏喻游擊。

二十一、爲檄諭妥派迎護事

　　照得前經本大臣由邊具奏，請頒發布魯克巴部長暨正副札薩克等敕印，已由驛馳遞前來，當經檄行該部長等先期選派明白曉事頭目出境迎護在案，茲據營務處張鎮揀派得巡捕一員張文元，戈什哈二名周克先、郝渡雲，譯字房一名馬永安，通役一名，跟丁五名羅得喜、張義忠、潘洪順、馬恩祿、李玉陞即將印信三顆，敕諭三道，定於十一月初五日由藏起程賫送該部長，以昭愼重，合亟粘用漢番合璧檄諭該部長遵照，迅備夫馬，專派妥愼頭目出境恭迎到部祗領可也，特諭。計賫送木匣三個內裝印三顆，竹筒三個內裝敕諭三道。

　　檄諭布魯克巴部長等。

　　光緒十七年十月　日

〔註46〕戈什哈，滿語，清代高級官員侍從武弁，總督，巡撫，將軍，都統，提督，總兵等官屬下均設之。

二十二、總理各國事務多羅慶郡王臣奕劻等跪奏爲藏事大定請頒給布魯克巴部長敕印恭摺仰祈聖鑒事

　　光緒十六年五月十六日準軍機處鈔出駐藏大臣升泰奏邊事完案，請將布魯克巴部長等賞給敕印一摺，奉硃批，該衙門知道，欽此。又奏布魯克巴東西兩奔洛擬請於印文印式略示區別一片，奉硃批，該衙門知道，欽此。臣等查前準該大臣奏，布魯克巴傾誠向化，懇求賞加封號，當經總理各國事務衙門會同理藩院議准，並請俟藏邊議有成約，局勢大定，再將應頒敕印發給等因，於上年四月十七日覆奏，奉硃批，依議，欽此，欽遵在案，茲據該大臣奏稱，邊事完案，請將前次奏准賞給敕印迅即由驛遞藏等語，臣等查該部落地方昆連印哲，爲衛藏緊要屏藩，現當界務完結，邊境綏安，自宜加意拊循，俾深感戴，至該大臣原片內稱，在邊兩載，節次查詢情形，始知該處地方大小事宜悉由東路之中薩奔洛辦理，其西路之巴竹奔洛祗能幫同料理，與中薩稍有等差，擬請於印文印式略示區別，及札薩克名目亦分爲正副字樣，擬就印文並繕夷字咨送各衙門查覆辦理等因，臣等查東西兩奔洛既經該大臣查有等差，自應分別正副字樣辦理，相應請旨飭下該衙門查照該大臣此次咨送印文，分別製造印信，繕具敕書，發交該大臣轉給該部長等祗領，所有請給布魯克巴部長等敕印緣由理合恭摺具陳，伏乞皇上聖鑒，再此摺係總理各國事務衙門主稿，會同理藩院辦理，合併陳明，謹奏。

　　硃批，依議。

　　光緒十六年六月初十日

　　總理各國事務多羅慶郡王臣奕劻。

　　協辦大學士戶部尚書臣宗室福錕。

　　軍機大臣兵部尚書臣許庚身。

　　軍機大臣刑部尚書臣孫毓汶。

　　戶部左侍郎臣續昌，假。

　　戶部右侍郎署刑部右侍郎臣徐用儀，假。

　　禮部右侍郎署兵部左侍郎臣廖壽恒。

　　太常寺卿臣張蔭桓。

　　大學士管理理藩院事務臣恩承，赴會。

　　理藩院尚書臣宗室松森。

　　理藩院左侍郎臣恩棠，假。

理藩院右侍郎臣慶福，進班。(《光緒朝硃批奏摺》第一一一輯，頁二五三)

二十三、升泰奏頒發布魯克巴敕書印信已經遣員頒發片

再，奴才前於光緒十七年四月十一日承準總理各國事務衙門咨開，由驛馳遞頒發布魯克巴部長暨正副札薩克等敕諭三道，印信三顆，飭即查收，轉給祗領，計發來敕諭三道，印信三顆等因，承准此，奴才當即檄諭該部長等先期揀派頭目出境奉迎敕印祗領去後，嗣於九月初三日始據該部長稟稱揀派頭目不日出境，奴才隨即選派署前藏千總駐防前藏把總張文元率領兵丁五名於十一月初三日由前藏起程，敬謹齎送敕諭三道，印信三顆，由江孜取道前往，茲於十二月三十日接據該弁稟稱，於十一月二十日到境，會同該部長所派頭人一同護送，於十二月初六日行抵布坦部落，該部長諾門罕桑結奪吉暨正札薩克烏尖汪曲〔註47〕，副札薩克四朗汪堆出郊恭迎，該弁宣讀敕諭，即將敕印發交該部長等分別祗領訖，繼復宣示恩德，告以謹守邊疆，永為西藏屏蔽，該部長等均以得邀內附，備荷生成，感激零涕等情具稟前來，除將該部長等呈遞各物據稟另摺代謝天恩外，所有布坦部長暨正副札薩克敕諭印信已由奴才派弁轉給祗領緣由，理合附片陳明，伏乞聖鑒，謹奏。

光緒十八年正月　日

硃批，知道了。(《光緒朝硃批奏摺》第一一一輯，頁二五五)

二十四、為咨呈移咨事

竊照本大臣於光緒十八年正月二十六日附片具奏布魯克巴部長暨正副札薩克敕諭印信派弁轉給祗領一片，除俟奉到硃批另行恭錄咨呈移咨外，所有片稿合先抄錄咨呈移咨，為此合咨貴院衙門，請煩查照施行，須至咨呈者。計咨呈片稿一件。

右咨呈

總理衙門

理藩院

光緒十八年正月　日

〔註47〕烏尖汪曲，即烏堅汪曲。

二十五、爲恭錄^{咨呈}移咨事

　　竊照本大臣於光緒十八年正月二十六日附片具奏布魯克巴部長暨正副札薩克敕諭印信派弁轉給祗領一片，當將片稿抄錄^{咨呈}移咨在案，咨於本年五月初六日在邊奉到硃批，知道了，欽此，欽遵，相應恭錄^{咨呈}移咨，爲此^{咨呈}移咨^{衙門}貴院，請煩欽遵查照施行，須至^{咨呈}移咨者。

　　右^{咨呈}咨

　　總理衙門

　　理藩院

　　光緒十八年五月　日

光緒二十二年查辦布魯克巴事務

《清代藏事奏牘》載有此一簡短之文檔，詳情不知也。

檄諭布魯克巴部長派員赴靖西聽剖斷了結勿延（光緒二十二年正月）

為檄諭事。案據靖西同知〔註1〕稟稱，敬稟者云云，查核示遵。計代呈夷稟一扣。內稱，小的住居卓木布魯克巴吞布娃〔註2〕具稟云云，則沾恩惠各等情。據此，當經本大臣委派靖西同知，並譯咨達賴喇嘛〔註3〕派委在邊番官，會同該同知秉公查辦了息，無稍偏袒。合填預印空白檄諭，為此諭仰該部長〔註4〕遵照。奉文後，即派替身前赴靖西，聽候委員秉公剖斷了結，勿得藉故推延不到。毋違。特諭。（《清代藏事奏牘》頁八五四）

〔註1〕靖西同知，當為王延齡。

〔註2〕吞布娃，似即逃至西藏之吞布奔洛。

〔註3〕達賴喇嘛，即十三世達賴喇嘛。

〔註4〕部長，即《現代不丹》一書所載之揚洛布‧桑吉‧多爾吉。

唐古特拒認《中英會議藏印條約》與奎煥阻其上書清廷　達賴託哲布尊丹巴上書清廷之關涉布魯克巴者

　　光緒十四年英寇侵併西藏屬部哲孟雄，甘丹頗章力主與英寇戰，爲升泰阻，升泰與英寇簽《中英會議藏印條約》，哲孟雄爲英寇併，且有通商，遊歷諸條款，均爲藏人所拒，時十三世達賴親政，拒英寇更力，與駐藏大臣屢生齟齬，達賴十三世竟託哲布尊丹巴上書清廷以言藏事，可知藏人之不信任駐藏大臣之甚也，藏人之言不得上達清廷也，亦可知達賴倚賴清廷以護西藏之希冀也，達賴之上書中亦言及強化布魯克巴之管轄，杜絕英寇侵略之建議，然得自清廷者，一味之搪塞與責難而已。

一、咨覆達賴喇嘛呈進奏書實屬違例若自行派員呈進當停發馬牌
（光緒二十一年十一月）

　　爲咨覆事。照得本大臣〔註1〕案準貴達賴喇嘛〔註2〕咨開，會議呈進大皇帝謝恩奏書物件，並寄劉軍門〔註3〕函禮物等項，係屬感謝，並無別項事件，若不允轉進，現在實難展緩。在於奏書內將阻攔情形注明，不得不由商上派

〔註1〕本大臣，指奎煥，字章甫，蒙古鑲白旗人，監生出身，光緒十七年二月丙午，賞記名副都統，副都統銜，往藏辦事，十二月抵藏，爲駐藏幫辦大臣，十八年九月駐藏辦事大臣升泰卒，甲辰，擢爲駐藏辦事大臣，二十二年二月壬申，詔京，二十三年三月十三日交卸，訥欽繼之，四月十一日，起程返京。

〔註2〕達賴喇嘛，指十三世達賴喇嘛。

〔註3〕劉軍門，指劉秉璋。

人前往等因。本大臣查凡呈進奏書物件，原係朝廷遇有喜慶典禮，藉以伸忠愛之誠。若無故率行，代進奏書，殊有違定例。前經咨覆貴達賴喇嘛，曾將日本軍務議和情形〔註4〕聲明在案。所為議和者，不過兩國停戰，言歸於好，並非喜慶之事。既非喜慶，奏書內何以措辭。本大臣所以不肯代為具奏者，正為此也。茲據來咨，仍請按照前文由塘奏進，設若不允，由商人自行派人前往等語。惟此事實屬冒昧，本大臣恐干詰責，萬難代為具奏。為此欲自行派人前往，本大臣亦聽其自便。但經過地方應需烏拉等事，本大臣不敢違例濫給馬牌，並不能代為咨行各處，以符定章。相應黏用漢番合璧咨覆，為此合咨貴達賴喇嘛，煩為查照。須至譯咨者。（《清代藏事奏牘》頁八四四）

二、訥欽奏闔藏公稟斷難遵守條約故暫緩勘辦界務摺（光緒二十二年四月十四日）

奴才訥欽〔註5〕跪奏，為瀝陳藏番不遵開導緣由，擬請將藏印界務暫緩勘辦，以便徐為籌議而冀轉圜，恭摺具陳，仰祈聖鑒事。

竊奴才於去歲十月到任後，因界務尚未藏事，詳查前後案卷，知藏人梗命，實因條約〔註6〕所載與前任大臣升泰原奏不符，所以堅持定見，不肯會勘，當經奴才等竭力開導，曉以利害，往復辯論，不下數千萬言。不料其愚闇性成，始終竟無活動之意，及至今春又值勘辦界務之期，若再事遷延，恐英人藉為口實。奴才等再四籌商，惟有變通辦理，庶不至受彼要挾，致啓釁端。所以於正月二十四日將藏番抗阻劃界，逕由中印委員會辦各情形陳明在案。奴才等亦深知奏約不符，係中國自理之事，英人未必肯即會勘，第商上既抗不遵從，而限期又迫，推緩無詞，不得已而為此權宜之計，並非一勞永逸，邊界即可以劃清也。當將此情咨覆印督〔註7〕去後，旋於三月初八日奉到電

〔註4〕日本軍務議和情形，指清廷與日本之甲午戰爭。
〔註5〕訥欽，字子裏，瓜爾佳氏，滿洲正白旗人，訥欽派藏有兩次，第一次為光緒二十年五月戊子，賞吉林分巡道副都統銜，往藏辦事，二十一年十月抵藏，為駐藏幫辦大臣，二十二年二月壬申，清廷諭，駐藏辦事大臣奎煥著即開缺來京，所有西藏一切事宜，著訥欽妥慎辦理，二十四年壬申，勒令休致，於九月二十六日離藏返京，二十八年十一月壬午，賞革職前盛京副都統訥欽三品頂戴，第二次派藏為幫辦大臣，翌年正月甲戌，因病乞休，允之，故實未赴任。
〔註6〕條約，指光緒十六年駐藏幫辦大臣升泰與英寇所簽之《中英會議藏印條約》。見附四。
〔註7〕印督，以時間推算之，當為印度第三十四任總督額爾金伯爵，任職時間為一

旨，命奴才奎煥開缺回京，趁此機會，正好藉以緩期。隨又照會印督，以邊
務事宜向係辦事大臣會同幫辦商酌辦理，本大臣係屬幫辦，不便擅自專主，
應俟新任到藏，再爲定期會辦。等情。不識印督能否遵依，俟覆文到時，再
爲酌核。然此舉不過暫顧日前，究非長久之策。蓋藏人抗不遵命，由來已久，
現據遞來公稟，雖原辦不無錯誤，而其不達人情，不明時勢，竟至無法可以
轉移。況五年之約已有定期，無論勘界事務有無頭緒，彼時因納稅行茶入關
等事，與條約不符，彼此相爭，必至大形決裂。若不先籌制伏之法，後患正
自堪虞。奴才愚以爲時下不可專咎藏番，擬先請旨飭令總理衙門會商駐京英
使，因藏人仍復執拗，界務一事尚難舉行，統俟五年換約之時一總勘辦。若
能照准，則寬以歲月，設法疏通。或增兵以消其玩，或用利以厲其求，威惠
兼施，庶可稍有把握，否則徒費脣舌，日久無功，譬如癰疽蘊毒已深，未得
鍼灸之方，終有潰決之日，此所以不能不亟爲變計也。至應如何籌議，容奴
才函商四川督臣〔註8〕，再爲陳奏。

　　奴才愚昧之見，是否可行，理合恭摺具陳，伏乞皇上聖鑒訓示。
　　再達賴喇嘛原咨暨公稟一併鈔錄，咨呈軍機處備查，合併聲明。謹奏。
　　光緒二十二年四月十四日
　　硃批，另有旨。

附一：照抄達賴喇嘛咨文

　　達賴喇嘛具信字在欽差總理西藏事務二位大人〔註9〕臺前。
　　茲據闔藏僧俗大眾，由噶布倫，總堪布等公同稟稱，竊因駐藏大人奎不
日啓節回省，所有藏印解和事宜，駐藏大人訥以備洞悉，懇請兩位大人先期
會商，呈遞出具圖記公稟，祈請轉呈。等情前來。
　　查所稟情形，事關西藏教務大局苦況實情，今將原稟另爲呈送，所有先
後起釁細由，均各有案，務請察閱，迅速辦理施行。爲此具信字。

附二：照抄三大寺等公稟

　　小的沙拉、布貲繃、噶勒丹三大寺，暨札什倫布，上下溫都遜寺，朗木
結札倉寺，箭頭寺，並各嶺寺，錫迭，木隆等寺，商屬供職公爵，札薩克，

　　　八九四年十月十一日至一八九九年一月六日。
〔註8〕四川督臣，指鹿傳霖。
〔註9〕二位大人，指甫就任之訥欽與即將離藏之奎煥。

達喇嘛，台吉，以及僧俗文武四品以至七品閒散東科爾，仲多，番目，凡食口糧各頭目，前後藏上下等處百姓等，公同具稟欽差總理西藏事務二位大人臺前。

竊查藏印此項訟案，先後起釁根由備細情形，雖屬有案，惟因大人奎不日啓節在邇，但此案大人訥尚未洞悉一切情形，不得不稟明，懇請兩位大人會商。

首件事，從前西藏與披楞中間甲噶爾各國〔註10〕暨廓爾喀，拉達克，哲孟雄，布魯克巴等部相隔，不但並無隙嫌爭論，且無相見等事。該披楞之人竟自將甲噶爾各國地土節次侵佔後，曾於咸豐年間起，屢欲進藏遊歷，求請大皇帝路票，並與小的瑣瀆。復至布屬噶倫繃，波棟地方，及哲屬大吉嶺等處，先給地租，迭次霸佔，更復貪侵藏屬地方，毀滅黃教，意存惡念，在於果納山〔註11〕以下修路造橋。且於光緒十二年，有麻科蕾〔註12〕薩海云要進藏，不得阻止，不然帶兵前來等詞，無故尋釁。又姑布〔註13〕地方，從無建房屋等事，因未構釁，是以在於藏屬隆吐山建修防守之房，以期各守各地，派撥目兵百餘名。光緒十四年春間，忽有英吉利發來賊兵甚多，前來尋釁，以致備兵抵禦，並非藏番前往尋釁。

又一件，勝敗一節，不過有交兵之名，究竟祇有兩次交兵。初次藏兵勇悍，英人正欲撤退營盤，所有攜帶藥鉛拋於就近水中，隨後均所目睹，因奉諭旨嚴飭藏番不得前往尋事，是以藏兵無事費食，靜候數月之際，該外藩前來尋釁。第二次時，雖藏兵失利，究竟不分勝負之間，定欲報復，心意已定。正在添調大兵之時，大人升〔註14〕諭以迭奉諭旨，不准交戰，嚴諭前來。無論如何稟明，諭云本大臣前往解和，不能失去寸地，堅意前赴邊界，時前在邊官兵等飭令撤回藏中，再再奉到嚴諭，祇得將兵撤回。小的藏番並未因失利生悔願意解和之心，且解和後，概隨英吉利之意，藏番所懇事宜，未荷允

〔註10〕甲噶爾各國，即印度各國，印度於脫離英國殖民統治之先本非一國家之名稱，其內土邦林立，故藏人謂甲噶爾各國。

〔註11〕果納山，似即則里拉山。

〔註12〕麻科蕾（Colman Macaulay），指光緒十二年擬入藏窺伺之印度外交部秘書，光緒十二年英借《芝罘條約》遣印度外交部秘書馬科蕾（Colman Macaulay）入藏以窺藏情，甘丹頗章不允，英人聲言以兵三千護送入藏，藏人益震，後英人為求吞併緬甸而棄馬科蕾入藏。

〔註13〕姑布，待考。

〔註14〕大人升，指升泰。

許。

內第一件，前由駐藏大臣文於光緒十四年，將藏哲布三處邊界輿圖曾經咨送總理衙門，援案乾隆五十九年所立鄂博，乃係藏哲邊界。其以下距百里之日納宗〔註15〕營寨，確係藏屬地境，從前由帕克里營官派令替身前往管理，乾隆年間賞與哲孟雄兼管，實在地主委係商屬。隆吐以內果納山，格壓，頃倉〔註16〕等處，係商屬卓木百姓在彼棲身，並牧放牲畜。懇請按照從前仍由藏屬管理。雖迭次具陳，不但地方草廠不能自管，且無地租草費，竟隨英吉利之意置之。

又一件，鄂博以外所有藏屬牧番百姓，仍照從前自管。等因。迭次〔註17〕具陳，諭以內外有混雜之弊，所有人財應飭退還，藏番移回本處。等諭。後又諭云，定以限期，情願轉回藏屬者，各隨其便，若果勒令調回，必致心變，亦屬無益。等諭。並未管理，此項人財盡歸英人。

又一件，哲孟雄地方原係蓮花祖師修經之所，不但一體同教，且自從前敬體大皇帝及達賴佛爺防守邊界之人，曾蒙大皇帝獎賞該部長翎頂，並由達賴佛爺商上撥給地土。上年勢窮之時，專差撫恤，賞給許多物件，額撥食鹽青稞等項，莫不以恩優待，實係屬下邊界部落。咸豐年間，英吉利並未與漢番通知，雖經擅自勒令立約〔註18〕，至印藏尚未交兵之間，現任部長〔註19〕事務，此項地土，仍懇照舊管理。且現據哲孟雄部長親族人等，誠心歸向漢番，懇仍照舊收入所管，再再稟懇。初次雖諭以仍照舊日注入條約，嗣後與英吉利業已立約，奉到照抄內開，注明哲孟雄歸英吉利管理。

又一件，查布魯克巴與藏番係同一敦，尊敬商上，每年專差來藏朝貢。從前唐廓構兵時，亦曾幫兵，此間與彼賞給物件。於光緒十二年內，自相內亂，奏派漢番委員前往妥辦了結，荷蒙大皇帝賞給職名頂翎，並由商上獎給印信坐位，以及部屬大官由漢番補放，發有斷牌在案，實係屬下邊界小部落。所有邊界甲昔多半曾被英人給租霸佔，其餘地方現在自行管理。惟恐蠶食，今請於條約內注明，以後不得與布番爭論，陳明之事，未蒙允許。

〔註15〕 日納宗，疑在哲孟雄境內北緯27°10'49.22"，東經88°39'08.01"附近，該地《谷歌地球》英文地名作 Rhenak。

〔註16〕 格壓，頃倉，頃倉即那塘，格壓待攷。

〔註17〕 原文作比，今改正。

〔註18〕 雖經擅自勒令立約，指咸豐十一年英侵哲孟雄之條約，見附八。

〔註19〕 現任部長，名吐多朗結，即《山頂王國錫金》一書所載之哲孟雄第九任部長圖托布，同治十三年至中華民國三年任職。

又一件，即照英人所稱，藏英通商之地，因該不同教道，若令入藏，恐敗黃教，人畜遭瘟，年穀不順，必出不祥之事，祈請在於日納等處通商。雖經迭次稟陳，亦照英人所求，在於邊界以內亞東通商，嚴切飭諭前來，以致疏忽貽誤。

又一件，英吉利要將印茶行藏一案，接準總理衙門電開，與商上有無損傷。必須回覆到。譯行小的，闔藏大眾攢集，傳喚康藏茶商，雇放茶腳在藏人等，飭令詳思利害，再再籌議。據稱，從前以來，藏番均食此茶，不但未食別國茶葉，且藏中窮人所食出產野茶，恐傷大皇帝國課，現在嚴禁不准買賣。所有達賴佛爺及班禪額爾德尼所用茶葉，除恩賞外，至於黃教喇嘛及西藏攢招僧人二萬餘名，由商上卓特巴〔註20〕所需熬茶，尚有數千包茶稅。漢番所屬百姓，康藏夥爾〔註21〕許多地方，全靠茶葉生易度活。從爐關至堆阿里〔註22〕止，南北茶道皆靠雇放茶腳烏拉為生，漢番均所知曉。印茶行藏，實與大皇帝課銀及商上茶稅虧損數萬金。漢番所屬賣茶雇放茶腳人等，致傷生計，官民均皆大受其害。等因。將情形迭經陳明，是以光緒十八年七月二十九日賞來文內，接準總理衙門來咨，在於第三款鹽下酒上添一茶字，入於禁物之內。等諭。所有印茶行藏，本大臣前與印度回覆，將礙難情形，再再轉告赫政商議，業已應允，明白奉到示諭。大人升因病昏瞀，誤會其意，禁茶一節，印度未允。等諭。似此重大事件，欽憲大人及文案官員等豈有錯誤之理。所有印茶，請毋庸行藏，尤如前稟，雖求與英人飭示，總與小的藏番嚴行飭諭，不便飭示英吉利。大人奎將小的藏番未曾應允之事，所立條約內雖注明印度茶葉五年後行藏，此案因損大皇帝及達賴佛爺茶稅甚巨，漢番屬下地方虧損生計，尤如前項所稟，萬難准其行藏。彼時業已陳明援案，不得不再再稟求。

又一件，藏哲邊界，現有於乾隆五十九年奏設鄂博，漢邊並未與小的藏番會商，在於噶哩噶達擬立條約內，地方之名，流水之處，實難知曉，是以將利害情形具陳。奉到大人奎以咱利納山〔註23〕頂，即照前糧務周臻〔註24〕

〔註20〕商上卓特巴，即商卓特巴。
〔註21〕夥爾，常譯作霍爾，藏人對非藏人之北方游牧民族之統稱，此處似指三十九族。
〔註22〕堆阿里，即阿哩。
〔註23〕咱利納山，今常作咱利拉山，在今哲孟雄與西藏亞東縣交界處。
〔註24〕周臻，即前文之周溱。

所立木牌，其餘邊界均按照乾隆五十九年鄂博為憑，賞有蓋印譯文。正擬分劃之時，並未按此，奉諭多變，藏番不敢派員往看，因此起見，刻下現在具稟。此案似此不符，與法度例規不合，倘前言不符後語，更變之時，以後歷任駐藏大臣印信，難以遵行，致使敗壞例規。而今藏哲邊界按照乾隆五十九年舊有鄂博為憑，若蒙二位大人將應賞詳切蓋印文憑，於大人奎未經起程之先發給時，免致漢番失和，無故致生稟陳多端之事，切勿使其如斯，期其以足眾望能以信服，務望施恩賞給蓋印憑據。

又一件，解和事宣尚未辦理各事，有關黃教大局，是以隨時猶如前稟援案不得不復行陳明。漢英中間，上年大人升在於噶哩噶達所立條約，有何情詞，小的藏番隨後方知，英吉利對頭乃係藏番，凡藏番未經應允具結之事，是以萬難遵照條約。至大人奎前赴大吉嶺時所立條約，於光緒十九年經大人奎由卓木賞來譯文，接準總理衙門咨，請本大臣帶領委員何氏榮〔註25〕，前赴大吉嶺，會同印官立約畫押。等諭。奉到之下，小的大眾，以大人奎雖赴大吉嶺請照，猶如迭次具稟有案，祈請照此飭示辦理。至茶葉及邊界等一切事件，因英人之對頭係屬藏番，小的闔藏大眾未曾應允之事，若果了結，無論如何永遠實難遵行。等情。先於是年十月初六日，由此間將出具圖記公稟，遞往邊界在案。小的藏番不但未曾應允，且將利害所關情形，再再先期陳明之際，因輕忽立約，所有大人升，奎二位先後所立條約內，小的藏番並未應允各事，無論如何斷難遵守情形，現在稟懇，並無自行應允各情。

大人奎未曾起身前，懇請二位大人會商，切勿遺漏，以後應稟懇求大人訥洞悉其情，是以復再陳明。

為此於光緒二十二年三月二十五日

卸任掌辦商上事務第穆呼圖克圖〔註26〕出具圖記。

現任噶勒丹池巴出具圖記。

卸任噶勒丹池巴出具圖記。

濟嚨呼圖克圖之呼畢勒罕出具圖記。

卸任噶勒丹池巴榮增師傅呼圖克圖羅布藏青饒汪曲之呼畢勒罕出具圖記。

布資繃寺掌教喇嘛呼畢勒罕領袖眾僧等出具圖記。

〔註25〕委員何氏榮，指何長榮，
〔註26〕第穆呼圖克圖，指第穆胡圖克圖阿旺洛桑稱勒拉普結。

沙拉寺掌教喇嘛呼畢勒罕領袖眾僧等出具圖記。

噶勒丹寺掌教喇嘛呼畢勒罕領袖眾僧等出具圖記。

札什倫布寺院百姓等出具圖記。

下溫都遜寺掌教喇嘛領袖眾僧等出具圖記。

上溫度遜寺掌教喇嘛領袖眾僧等出具圖記。

拉木結札倉寺領袖眾僧等出具圖記。

箭頭寺領袖眾僧等出具圖記。

第穆寺腔子領袖眾僧等出具圖記。

濟嚨寺札薩喇嘛領袖眾僧等出具圖記。

呼徵寺札薩克喇嘛領袖眾僧等出具圖記。

德柱拉章寺腔子領袖眾僧等出具圖記。

磋們嶺寺領袖眾僧等出具圖記。

策卻嶺寺領袖眾僧等出具圖記。

昔迭寺掌教洛琫領袖眾僧等出具圖記。

木隆寺掌教教洛琫領袖眾僧等出具圖記。

達賴喇嘛之兄公爵出具圖記。

拉魯公爵出具圖記。

輔國公出具圖記。

彭康公爵出具圖記

琉璃橋番官出具圖記。

堪布中譯達喇嘛出具圖記。

三頗台吉出具圖記。

商上供職四品僧官等出具圖記。

商上供職四品俗官等出具圖記。

五六七品內務僧官等出具圖記。

五六七品內務俗官出具圖記。

僧人營官及閒散仔仲等出具圖記。

俗人營官閒散東科爾出具圖記。

前後藏番營官兵丁等出具圖記。

仲多番目等出具圖記。

商上大招庫使朗賽等出具圖記。

商上大招業爾倉巴公所朗賽等出具圖記。

管門看房番目等出具圖記。

碩第巴公所朗賽及管理鈇〔註27〕斧朗賽等出具圖記。

管馬達瑝番目等出具圖記。

商上當差磋巴等出具圖記。

世家當差磋巴等出具圖記。

前後藏上下南北康藏寺院等並派住前藏替身公同出具圖記。

公稟是實。

　　（《元以來西藏地方與中央政府關係檔案史料彙編》頁一三五六。《光緒朝硃批奏摺彙編》冊十一，頁一六一亦收錄奏摺，但無附件。）

三、昆岡等奏八世哲布尊丹巴會同喀爾喀四部盟長王公等會報英國侵犯西藏情形摺（光緒二十五年二月十六日）

　　經筵日講起居注官大學士翰林院掌院學士管理理藩院事務都統臣宗室昆岡等謹奏，為哲布尊丹巴呼圖克圖〔註28〕會同喀爾喀四部落盟長王公等會報西藏情形，恭摺具陳，仰祈聖鑒事。

　　竊據哲布尊丹巴呼圖克圖，掌管黃教經典事務堪布諾們罕巴勒黨吹木丕勒，副達喇嘛彭楚克，幫辦黃教事務阿齊圖諾們罕，洞闊爾呼圖克圖車林多爾濟，圖什業圖汗部落盟長公密什克多爾濟，車臣汗部落盟長郡王多爾濟帕拉穆，札薩克圖汗部落盟長公達什喇布坦，三音諾彥部落盟長郡王吹蘇倫扎布，喀爾喀左翼副將軍貝子彭楚克車林，喀爾喀南路副將軍貝子普爾布扎布，右翼副將軍公羅布桑端多布，中路副將軍公剛昭爾扎布，副盟長札薩克台吉棟多布扎勒布帕拉木多爾濟，副盟長公車凌呢瑪，副盟長貝勒阿爾塔薩噶喇，副盟長郡王庫嚕固木扎布，參贊親王剛達多爾濟，參贊公那喇曼達呼，參贊親王那木囊蘇倫，管理商上事務商卓特巴巴特瑪多爾濟，稽察商上事務札薩克台吉都噶爾蘇倫等聯銜呈稱，光緒二十二年秋間接到西藏達賴喇嘛等咨稱，法英奪踞藏地，蹂躪滋擾各節，當將番字來文譯寫蒙語，報請庫倫大臣〔註29〕轉奏，懇祈保護撫恤。等情。隨蒙庫倫大臣咨呈軍機處在案。惟是否奏明聖主，未見札覆。

〔註27〕原文作越，今改正。

〔註28〕哲布尊丹巴呼圖克圖，指第八輩哲布尊丹巴呼圖克圖。

〔註29〕庫倫大臣，指興廉。

　　茲據達賴喇嘛，班禪額爾德尼〔註30〕差遣來庫之堪布喇嘛伊什吹木丕勒，多尼爾〔註31〕喇嘛達木彰吹多克等呈稱，堪布喇嘛等今已聽候一年之久，不惟盤費拮据，且恐英法二國逐漸前進，侵犯地方，實與黃教更有窒礙，伏祈速爲辦理，以便旋回。等情。

　　伏維西藏係尊崇聖主黃教之地，現在外國侵犯情形，極爲吃重，實屬悚惶，懇祈奏明聖主洞鑒。合將呈報庫倫大臣原文抄錄，一併呈送理藩院，統希據情轉奏恩施。等因。呈報前來。

　　臣等查閱達賴喇嘛，班禪額爾德尼原文，大致以近年英法兩國漸近西藏，侵佔地方，曾由達賴喇嘛會同班禪額爾德尼自行派兵籌餉，駐防邊界。或經大臣札令撤防，或由大臣定界立約，不使藏人聞知，以致英法兩國任意縱橫，藏人深被擾累。且附藏各部，多受欺凌，心懷疑慮。如巴賴忠〔註32〕，布魯克巴等部落及廓爾喀國，原係向化日久，或爲藏內鄰近之邦，或爲崇奉黃教之部，曾經朝廷優給顯爵，頒有明詔。當此懷疑之際，懇乞復加恩施優賚，則藏中不致勢孤，而屏藩亦可久固。

　　至藏中危困情形，曾經報明大臣，復經遣報庫倫哲布尊丹巴呼圖克圖，會同喀爾喀四部落蒙古王公向闋代陳苦衷。其請將駐藏大臣屬之三十九族〔註33〕及喀拉烏蘇八旗〔註34〕准歸達賴喇嘛調遣，以資防守。又那塘〔註35〕商稅乞交達賴喇嘛倉上，以濟軍餉。及乞另頒印信，遇有緊要事件，徑報理藩院轉奏，以期下情上達。並乞撥給軍械，籌給餉項。暨聲明前次頒賞銀兩數目各節，經哲布尊丹巴呼圖克圖會同喀爾喀四部落盟長王公等咸以世受國恩，崇奉黃教，且以達賴喇嘛，班禪額爾德尼二人表率西藏，闡揚黃教，又爲蒙眾素所欽服，藏衛地方緊要，番眾受其欺凌，會同懇恩拯救。各等情。

　　臣等詳覈所報情形，關係重大，謹將達賴喇嘛原文及哲布尊丹巴呼圖克圖會同四部落蒙古王公前經呈報庫倫大臣原文各一件，譯書漢文，恭呈御覽，

〔註30〕班禪額爾德尼，指第九世班禪羅布藏班墊吹吉札克巴丹貝汪曲。
〔註31〕多尼爾，即卓尼爾。
〔註32〕巴賴忠，據所述之事蹟知，巴賴忠即哲孟雄，可能因譯音之不同而造成。
〔註33〕三十九族，雍正年間清廷招撫青海西藏間藏人部落共七十九族，青藏劃界之時，四十族隸西寧辦事大臣，三十九族隸駐藏辦事大臣，此三十九族地雖在西藏，然不歸甘丹頗章管轄，由藏臣直轄之，故十三世達賴喇嘛有歸己轄之請。
〔註34〕喀拉烏蘇八旗，即達木八旗。
〔註35〕那塘，今在哲孟雄境內，過則里拉即爲那塘。

伏乞皇太后，皇上聖鑒訓示。爲此謹奏。

附一達賴喇嘛等原咨哲布尊丹巴呼圖克圖文件〔譯漢文〕

謹將達賴喇嘛等原咨哲布丹巴呼圖克圖文件譯書漢文恭呈御覽。

達賴喇嘛，班襌額爾德尼謹上哲布尊丹巴呼圖克圖，懇祈轉奏，保衛地方，以全黃教事。

竊達賴喇嘛自蒙聖祖仁皇帝敕封西天大善自在佛領天下釋教齊哷達喇達賴喇嘛以來二百餘年，日夜虔心率領眾喇嘛諷誦經卷，禱祝萬壽，濟度眾生，天下共享太平，直至北方各汗王以及邊鄙小民，共欽佛教，恭祝聖主萬壽，天下郅治。乃於戊子〔註36〕年，因英法兩國起兵侵擾藏地，人心惶懼，百姓懷怨。本達賴喇嘛於咸豐年間，率領所屬公同商議，不可使外國之人入境，立有約文，藏人咸知，亦經報明大臣衙門立案。迨英國侵犯地方，當經派兵萬餘名，前往邊界駐防。凡所需糧餉，均由本達賴喇嘛倉上辦給，其不敷之數，由班襌額爾德尼倉上協給，大牛均由各屬均勻攤派。嗣與敵人決戰，經駐藏大臣札飭，將兵撤回，勿庸打仗，本大臣奏明斷不使英國占據藏中寸地等因，反覆嚴札，隨即撤兵，聽候諭旨，意爲總不致將地方失與敵人。不意該大臣祇求迎合英法兩國之意，竟將所請置之不理，迄今未有明文。現在敵國仍前執意侵欺，占據地方。

查英法兩國，昔日有扎噶爾〔註37〕，廓爾喀，拉達克，巴賴忠，布魯克巴等部落間隔，屢與彼等用兵不和，後設謀吞陷扎噶爾地方，於咸豐年間持有執照，越五部落始及西藏。嗣誘取那塘，巴賴忠，多爾吉嶺〔註38〕等三處，遂與藏地相近，漸圖地方，立意滅教。每遇山嶺要隘，竟敢開路搭橋。兼之光緒十二年遣來密噶里〔註39〕官員，聲稱如不准我等進藏，即刻帶兵前來。等語。復欲將庫布克〔註40〕地方侵佔，建蓋房院。當由本處在隆都爾嶺〔註41〕建房，派兵百餘名駐防，是以未能侵取。十四年春間，因該嶺兵數略少，英法兩國之兵驟至，唯恐地方被其侵取，趕緊添兵防守，接仗兩次。初次因我兵力大，英法之兵不能支持敗走，未及侵取，將其火藥等項均拋棄附近水中，

〔註36〕戊子年，指光緒十四年，西曆一八八八年。
〔註37〕扎噶爾，即甲噶爾，藏人於印度之稱謂。
〔註38〕多爾吉嶺，即大吉嶺。
〔註39〕密噶里，即前文之麻科雷。
〔註40〕庫布克，即前文之姑布地方。
〔註41〕隆都爾嶺，即隆吐山。

為眾兵所目睹。當其摩拳廝殺之際，經大臣屢次嚴札不可動兵，以至兵心懈怠，為敵所知，復來尋戰，我兵稍怯。正欲分別雌雄，增兵備餉之際，經大臣飭勿動兵，意欲親往議和，札行前來。嗣親身赴邊議和時，每一言語偏向敵人，反將藏人欺哄。因此英人任意縱橫，現更害及巴賴忠地方。

前此光緒十四年間，文大臣曾將西藏，巴賴忠疆界與圖送部在案。巴賴忠部落原係歸順我朝，且欽服本達賴喇嘛，又兼曾經欽賞名號頂戴。現在英國將該部落之汗〔註42〕縛去，刑逼降書，該汗忍刑不降，歷受艱苦。該部落懇求本達賴喇嘛轉懇天恩，請將該地方仍舊賞還，據情呈報大臣。準升大臣前往噶達爾〔註43〕英界，云分界之事業經議定，有總理衙門咨文，皇上諭旨，切勿庸爭執。等語。在巴賴忠部落者，為藏之屏藩，藏人並未口許於英，均係大臣一面之詞，藏人無處訴冤。倘將巴賴忠地方給與英國，必致任意吞併，則藏地無安生之日。惟有懇祈速降諭旨，將巴賴忠地方仍為西藏所屬，則巴賴忠之人有所依靠，庶不致降順英國矣。

又，布魯克巴部落，與藏英兩國聯界，原與西藏結好，每年來見達賴喇嘛一次。昔日廓爾喀與西藏結仇用兵之時，該國王領兵前來幫助〔註44〕，後於光緒十二年，彼國內私相兼併，經駐藏大臣〔註45〕奏請，與本達賴喇嘛會商，派員前往講和，該國王且蒙欽賜頂翎在案。當經本達賴喇嘛饋送禮物，以敦鄰邦之好。伏思英人多係猾詐，布魯克巴之人若被其網羅降附，則敵兵之力愈大。懇乞速降諭旨，賞給銜爵，以慰其心，嚴飭保守藏土，各依本業，不可結交外人。

又，廓爾喀毗連藏地，且從前屢有爭端。於咸豐六年間，誓盟結好，不相侵害，立有約文〔註46〕。該王嘗云藏地為佛教之地，外國倘有侵擾之事，必定起兵幫助，故有同兵之好。從前又蒙賞過果敢王號在案。該國凡遇進貢之年，經過藏地，必來謁見本達賴喇嘛，本處亦必應付照料，洵為藏境屏藩。英國早經蓄意侵害，現因廓爾喀弟兄不睦，地方已分，該王之弟欲附英國，英國隨撤兵於陽布城。該王深恐伊弟關通英國，擾害地方，當乘此猶豫之際，

〔註42〕英國將該部落之汗縛去，此哲孟雄部長名吐多朗結，即《山頂王國錫金》一書所載之哲孟雄第九任部長圖托布，同治十三年至中華民國三年任職。
〔註43〕噶達爾，即加爾各答。
〔註44〕該國王領兵前來幫助，此處不知指乾隆五十六年抑或咸豐五年之事，待考。
〔註45〕駐藏大臣，指色楞額和崇綱。
〔註46〕立有約文，指咸豐五年廓爾喀侵藏後所立之約文。見附七。

速降諭旨，酌量該王前功，施恩勸勉，並令添兵防守，以保藏地，嚴飭毋交外國。該王得旨，必能勤奮保守，若是則藏地無憂矣。

又，那塘設立商圈以來，地方稅課，原交藏中，英人越境通商，並不納稅，是以報請駐藏大臣查辦。嗣准札開，經總理衙門奏奉諭旨，英人在那塘地方開設買賣，應交地稅，即著責令官員支收，倘英人起端，亦責令官員辦理。等語。尋有英國薩達勒臺，瑪哈噶里〔註47〕二人，率眾捏稱委員，爲稅前來，經由多穆阿薩木〔註48〕地方至多穆哩克岡〔註49〕地方，藏人恐眾入境，派兵防守，於是口角喧鬧，伊見有穿公服帶頂戴者，未敢甚爭。第恐假稱委員，詐取稅款，請速降諭旨查明，有無似此之案，如無其事，懇乞天恩，將應交稅銀仍賞給達賴喇嘛倉上，以資辦理。如果屬實，亦請另派委員，以免紛亂。前已呈報大臣懇祈奏明在案。

又，那塘分界通商後，經升大臣出示曉諭，英國所販雜貨，如係藏內應用之物，即准價買，否則停止互市。今英國所販物件，多係槍刀火藥煙酒等項，均與藏內所用不合。若不令其售賣槍刀等件，又恐別生事端。至煙酒甚非藏內應用，價又甚昂，一准售賣，勢必占奪利源。又欲販茶赴藏，唆使大臣轉詢藏人可否。因思此茶多係出自四川，且爲內地商人大利，原有交庫茶稅，交藏地稅，兼之藏眾均飲此茶，若令英人販賣，定必貪利昂售，彼時因諸多窒礙，難於准行。於是有以礙庫稅地稅，不令售賣等情，報明駐藏大臣，經總理衙門奏定有案。迨奎大臣〔註50〕到任後，受其串通，仍准英人販茶，藏人並未允許。懇祈復降諭旨，仍照奏定章程，禁止英人不得進藏販賣茶煙酒槍刀火藥等物，以絕其念。

又，巴賴忠分界時，經升大臣議以河之南北分占，藏人並未允許，後奎大臣意欲遵照乾隆五十九年奏定封堆章程奏請分界，嗣又食言，仍照升大臣所議辦理，任聽英國建立封堆，以致侵佔地方。請旨仍照原定章程，必可相安。如無恩旨，英人必任意侵擾，以致於戰。故難保其將來若何，伏祈賞給錢糧盤費軍器火藥鉛丸等物。

又，升大臣任內，於那塘邊界與法相爭案內，聞得撥賞庫款四十萬兩，

〔註47〕此事當指亞東關稅務司戴樂爾（F.E.Taylor）入關被藏兵阻止一事，事在光緒二十一年閏五月二十一日。
〔註48〕多穆阿薩木，多穆當爲卓木之譯音，地望待考。
〔註49〕多穆哩克岡，多穆當爲卓木之譯音，地望待考。
〔註50〕奎大臣，指奎煥。

內承領修補大昭寺廟銀四千兩，修理那塘門牆銀二千兩，奎大臣任內承工銀五千兩，又一萬二千兩，各有甘結。於是西藏眾生咸感聖德，誠諷黃經，以祝萬壽。因所領銀數與原數不符，恐所聞錯誤，是以不得不請指示。

又，那塘邊界立約時，奎大臣云五年後倘另有事故，於六個月前聲明具奏。雖經兩邊委員札飭各屬議定，第以英人不可深信，未便拘定五年以後再議之語。伏祈速降諭旨，遵照例章，永久奉行，俟五年後，將英國在那塘地方所立買賣應立地稅，賞給達賴喇嘛倉上，以濟軍糧各項放款。

伏思英國男女來毀黃教，貪心甚重，今由巴賴忠向嘎木巴〔註51〕修路，造火車鐵橋，不日進藏，懇祈添兵駐紮，以防後患。惟駐兵甚需糧餉，近年以來，藏地困苦，又兼牲畜被災，雖小有出產，然於禱祝聖主萬壽之前後藏數千廟宇呼畢勒罕錢糧，俱由達賴喇嘛倉內所出，一切實屬不敷。近年陸續添派駐防兵不下萬餘，已有七年之久，籌撥糧餉甚屬不易，欲設法勒令商民捐輸，仍屬無濟於事。惟乞恩施，將駐藏大臣所屬三十九族及喀拉烏蘇八旗，歸藏管轄。該處臺站當差人等，設遇兵丁有爭訟情事，仍由藏派員經管會議。至喀拉烏蘇兵丁數百名，春秋兩季操演，進藏瞻叩達賴喇嘛，伊等俱有賞項。前與英國構兵時，曾呈請駐藏大臣奏明轉調，而該兵竟自未到。查該處距京萬里之遙，且無出產，故請將該大臣所屬三十九族族及喀拉烏蘇兵丁歸藏管轄，設有事故，則調派甚易，其地畝應納錢糧，俱歸達賴喇嘛呈交。

又，唐古忒兵丁三千名，除駐紮臺站巡邏外，僅二千餘名。雖人數足額，而餉需缺乏，器械亦多不齊。若欲製造，又無精妙匠役。現今必須添兵防守，若軍器不利，殊難振揚天威。伏乞賞給各項大小槍械火藥鉛丸等件，或派工匠赴藏製造，惟祈天恩，將一切多為籌備，以固黃教根本。

此等災患情形，屢經呈報駐藏大臣請為轉奏，乃一味朦混遮飾，不肯入奏，而又不敢分辯過問。現值困苦之際，敵人入境則甚急，眾生勢如倒懸，若俟敵至再奏，愈恐緩不濟急。今如不降恩旨，惟恐有失眾望。

再，西藏土司人眾，或生變亂，本達賴喇嘛雖稱掌教，亦難約束。

此等情由，駐藏大臣竟置若罔聞，本欲親身赴闕，瞻仰天顏，將一切苦衷及藏地患難縷晰上陳，而又不敢遠離。欲專摺奏明，又恐被駐藏大臣阻撓。伏乞天恩，嗣後如遇緊要事件及調兵等情，請由本達賴喇嘛徑報理藩院求為代奏。倘蒙恩施俯如所請，若仍用原印，恐無分別，應請另行頒賞印信。

〔註51〕嘎木巴，是否即干壩，待考。

再，那塘巴賴忠分界時，駐藏大臣並不秉公辦理，一味偏護外國，變亂
邊界章程，以故敵強我弱。嗣後如有查辦事件，請旨派京員來藏，會商持平
辦理，若不專靠駐藏大臣，或不致偏護外國。

再，升大臣於光緒十六年親至噶勒噶達爾〔註 52〕地方，與英國在巴賴忠
地界創立商圈等事，均係伊任意立約，並未告知藏內辦事官員，後任奎大臣
亦照此辦理，經向駐藏官員請示，概置不理。且英國存有該大臣執照，雖屬
任意縱橫，而藏人莫敢置問。惟乞聖旨，嚴飭英國官員，在藏不可肆行無忌，
則黃救根本之地，得以靜謐。

為此，專差堪布喇嘛伊什吹木丕勒，多尼爾喇嘛達木彰吹多克赴哲布尊
丹巴呼圖克圖及蒙古汗王等處呈報，祈為據情轉奏，仰懇天恩施行。惟祈哲
布尊丹巴呼圖克圖不辭勞瘁，親自進京，面為陳奏，庶於眾生大有裨益矣。

附二哲布尊丹巴呼圖克圖等前報庫倫大臣文件（譯漢文）

謹將哲布尊丹巴呼圖克圖會同喀爾喀四部落盟長王公等，前報庫倫大臣
文件，譯書漢文，恭呈御覽。謹呈。

為呈報庫倫大臣，懇祈轉奏撫恤事。

茲準西藏達賴喇嘛、班禪額爾德尼等咨行喀爾喀供奉之哲布尊丹巴呼圖
克圖番字文稱，本達賴喇嘛自蒙太宗文皇帝賜印，掌管天下佛教以來，歷受
聖恩近三百年，每日虔心諷經，以祝萬壽而禱眾生安享太平。乃自戊子年間，
英法兩國侵犯邊口，未便任意將地方讓與敵國，遂派兵萬餘，前赴邊界防剿。
經駐藏大臣嚴飭，撤回番兵，而並未據情陳奏，是以西藏地方被其蹂躪。今
將大概情形，列款陳明，伏祈具奏請旨施行。等因。

查英法兩國，從前屢次窺伺，欲滅黃教，以圖地方，並未得力。乃自光
緒十二年始，則在尼魯嶺〔註 53〕修路，繼則在庫布克地方建蓋房屋。彼處駐
防兵寡，英法人眾。至十四年間，以寡禦眾，番兵不獨難於對敵，甚至不能
駐防。後因番兵兩次出征，兵力甚壯，均經駐藏大臣議和，且將牧廠擅與英
法兩國，因之交界封堆以下孟多勒〔註 54〕地方，全屬於彼，而巴賴忠地方受
累尤甚。但巴賴忠部落，前因力助番兵，曾蒙聖恩，賞給名號翎枝有案，現
在兵力正強，若令英法久踞，一旦歸附，非為無益，而又有害。

〔註 52〕噶勒噶達爾，指加爾各答。
〔註 53〕尼魯嶺，待考。
〔註 54〕孟多勒，待考。

又，廓爾喀與西藏本係兄弟和睦之邦，且廓爾喀王前已蒙賞果敢王銜。現因廓爾喀王兄弟不睦，分旗另居，該王之弟已附英國。現在英國兵勢漸大，當此猶豫之時，若不加恩于果敢王，日久亦難逆料。

又，那塘地方，應以所設商圈爲界，英法不應悖約擅越，且應交稅銀，若照奎大臣所辦聽其自便，多有窒礙，亦難辦理。

又，唐古忒，巴賴忠地方分界一案，經奎大臣札令，遵照初次乾隆五十九年定章辦理，繼則食言，遂令英國新立封堆，侵佔地界，有違定章。

又，番法相爭案內，特撥庫款備賞銀四十萬兩，此內除由（升）大臣放過修理那塘牆垣等案兩次放過銀六千兩，又由奎大臣因那塘邊界案內兩次放過銀一萬七千兩，均各領訖。其銀數即應奏明呈覽。

又，所屬部落各地方，不得任聽英國出入，請嚴定章程，以期有所遵循。

又，請催解稅銀，接濟軍需，盤費銀，發給達賴喇嘛商上。

又，英法兩國與藏相爭案內，英國男女傷毀番教，種種擾累，及於田地牲畜。夫受災已極艱窘，而千餘廟喇嘛等熬茶，補修軍需用款甚多，兼以牲畜遭災，諸多不敷。自駐藏大臣所屬三十九族暨內旗等處各項差使，伏祈發給應得賞項。

又，番兵三千名，除駐紥臺站巡邏外，實有二千餘名，人數足額，而盤費缺乏，器械不齊，伏祈賞給款項及各種大小槍枝火藥鉛丸，或揀派巧匠來藏，及早以揚天威，而靖邊界，俾拯眾生於水火之中。

本達賴喇嘛，班禪額額爾德尼爲藏之領袖，愛民如子，而眾亦視我如親，惟辦事大臣心不誠實，所有藏地一切受累情形，毫不介意，究竟是否入告，本處無從得知，抑或大臣自行圖便，竟不爲之奏聞。然終日與敵人支持，久則不惟於黃教大有窒礙，而與群生性命仍有攸關。本欲赴京瞻覲，將心內之事及藏地受累各節，上達天聽，敬聆聽聖訓。奈西藏距京甚遠，倘進京日久，又恐藏內人眾同生疑慮，反與大局無益。反覆思維，哲布尊丹巴呼圖克圖係當初說降蒙眾，奉命掌喀爾喀等處黃教，並管轄蒙眾，是以遣多尼爾達木彰吹多克等，持文前赴庫倫，再三懇乞哲布尊丹巴呼圖克圖不辭勞瘁，親自進京，將藏地情形一一面陳，以救群生而安地方。仍將本敕封掌管天下黃教一切事務達賴喇嘛等印文，譯寫滿蒙文字，轉請入告，並通知喀爾喀各汗王盟長等一體查照，等因前來。

查本喀爾喀等國初投誠供奉之哲布尊丹巴呼圖克圖傳諭堪布商卓特巴、

辦理事務之王貝子公札薩克等，現今達賴喇嘛、班禪額爾德尼等咨文內稱，英法兩國委係虐逆之邦，近年屢將我大清黃教根本西藏地方侵犯逼迫，實屬可危，切因歷任駐藏大臣意念不善，故將此緊要事件壅遏不陳。本呼圖克圖將此困迫情形，輾轉思維，心實不安，甚為煩悶。本呼圖克圖本應照依達賴喇嘛所咨，即行赴京瞻仰天顏，將情形陳奏乞恩，惟因身未出痘，未便進京。似此緊要事件，駐藏大臣竟不具奏，想庫倫大臣必可轉奏，爾等公同妥為商酌，趕緊呈報該大臣，將黃教根本重地速為保衛，以期昇平。本呼圖克圖惟有在三寶佛前，日夜諷經，虔心禱祝皇上萬壽無疆，群生同享安逸。等語。因此，庫倫堪布諾們汗巴勒黨吹木丕勒，在庫倫會盟四部落之圖什業圖汗部落署盟長札薩克棟多布扎勒布帕拉木多爾濟，車臣汗部落署盟長參贊王多爾濟帕拉穆，副盟長公車凌呢瑪，札薩克圖汗部落札薩克阿克旺車林，三音諾彥部落副將軍公剛昭爾扎布，額爾德尼商卓特巴巴特瑪多爾濟等公同詳查，西藏為自古闡揚黃教之地，達賴喇嘛，班禪額爾德尼為西藏掌教之喇嘛，自該喇嘛等每日率領桑巴贊克蘇木達什勒翁布數千寺廟，數萬喇嘛，上祝聖主萬壽，下禱天下共享昇平，日夜諷經，實屬靈異。今按達賴喇嘛咨稱，英法虐逆，侵犯西藏地方，該駐藏大臣不保恤藏地，反以信服英人為重，且棄失藏地，弊竇甚多。駐藏辦事大臣暗與逆英主和，顯係為害西藏。究竟如何，實難測度，不勝悚懼之至。謹就近聲明呈報滿蒙大臣，懇乞鑒查，作速轉奏。

除將呈報與敵愈近，憂患難通之該西藏達賴喇嘛等所請各節，如何逾格恩施拯救，以臻昇平之處外，謹將咨西番文字一分，照譯蒙語鈔錄呈送備核，合併聲明。札薩克圖汗部落，三音諾彥部落盟長印信未在庫倫，理合鈐用堪布商卓特巴，圖什業圖汗，車臣汗兩部落盟長等印信呈報。（《元以來西藏地方與中央政府關係檔案史料彙編》頁一三六八）。

四、總署奏遵旨查明印藏通商情形摺（光緒二十五年四月二十七日（奉旨日期））

總理各國事務慶親王奕劻等奏為遵旨查明具奏事。本年三月十六日準軍機處鈔交面奉諭旨，理藩院奏哲布尊丹巴呼圖克圖等會報西藏情形據情代奏一摺，著總理衙門查明具奏，原摺著鈔給閱看，欽此。查該院所奏及哲布尊丹巴呼圖克圖所報係據西藏達賴喇嘛等原呈。查閱原呈大致以強敵欺陵，議和非計，其臚陳各節固屬慨念時艱，其追咎從前，仍屬懷疑未釋，臣等謹就原呈所列縷析陳明。

　　如原呈稱光緒十四年英法起兵侵擾，達賴喇嘛等率屬公議派兵萬餘與敵人決戰兩次，初次我兵力大，英法敗走，當摩拳廝殺之際，經駐藏大臣屢次嚴飭不可動兵，以致兵心懈怠，為敵所知，復來尋戰，我兵稍卻，正欲增兵備餉，駐藏大臣仍飭毋庸動兵，親身赴邊議和，因此英人任意縱橫等語。查印藏構兵，藏人以弱禦強，所操皆尋常兵器，又無紀律，勢不能支，朝廷軫念舊藩，熟權利害，煞費苦心，為之議和罷兵，俾得紓急難以徐圖自強，所以保全藏人者無微不至，今該達賴喇嘛等事後反稱議和致懈軍心，阻撓勝算，殊非事實，未免不達時變。

　　原呈稱巴賴忠地方，前駐藏大臣曾將界圖送部，該部落係歸順我朝，曾經欽賞名號頂戴，現英將該部落之汗縛去刑逼降書，該汗忍刑不降，懇將該地方賞還，仍為藏屬等語，查文碩所送圖說及舊冊並無巴賴忠部落，覈其所述情事應即哲孟雄，該部落亦奉黃教，向為西藏附庸，該部長於道光咸豐年間先後立約私附於英，英人佔據其地設官開墾，修路造橋已歷年所，藏人欲顧全舊屬，不能力爭於英人將占之初，乃欲索還於久據之後，前既坐失事機，今亦空煩唇舌。

　　原呈稱布魯克巴部落與藏英兩國連界，與藏結好，英人猾詐，恐該部落被其網羅降附，懇賞給部長爵銜以慰其心，又廓爾喀毗連藏地，與藏盟誓結好，現該王弟兄不睦，地方亦分，伊弟欲附英國，該王深恐關通擾害，當乘此猶豫之際降旨施恩，勸勉等語，查布魯克巴於光緒十六年經前大臣升泰給該部落東西兩奔洛正副札薩克敕印在案。廓爾喀前有封號，後未續給，該兩部落毗連藏印之間，舉足左右，便有輕重。鑒於哲孟雄之事，亟應聯絡該部長之心以固全藏唇齒，但廓爾喀部長之弟現時已附英，布魯克巴部長是否仍冀爵銜，及應如何羈縻固結，應請飭下駐藏大臣查照辦理。

　　原呈稱，那塘設立商圈以來，地方稅課，原交藏中，英人越界通商，並不納稅。駐藏大臣札開，通商地稅責令官員收支，尋有英國薩達勒臺等率眾假充委員詐取稅款。等語。查印藏通商先在亞東地方設關，於光緒二十年開關互市，議定五年後方議稅則征稅。前經奏派靖四同知會同稅務司前往照料一切。該稅司到藏後，據稱有藏人不以為中國官員，反以為外洋偵諜之語。蓋稅司係外國人，此即原呈疑為假充委員之所由來。

　　原呈稱，那塘分界通商後，經升大臣出示英國所販雜貨，如係藏內應用之物，即准價買，否則停止互市。今英商所販物件，多係槍刀火藥煙酒等項，均與藏人所用不合，又欲販印茶赴藏，茶係內地四川商人大利，原有交庫茶稅，交藏地稅，兼之藏眾均飲此茶，若令英人販賣，必貪利昂售，且於稅項一切諸多窒礙，應請一併禁止。等語。查印藏通商條約，凡軍火煙酒各項迷醉等物，本載明或禁止進出，或特定專章兩國各隨其便。印茶一項，原擬禁售，嗣英人堅執，因議定俟百貨免稅五年限滿後，方准銷售，並訂明增重進口稅，俾印茶利薄不至奪川茶銷路，是雖准銷售印茶，實暗寓抑制之法，當日訂約具有深意。

原呈稱巴賴忠分界時，升大臣議以河之南北分佔，藏人並未允許，後奎大臣意欲照乾隆五十九年奏定封堆章程奏請分界，嗣仍照升大臣所議辦理，任聽英國侵佔地方，請仍照原定章程等語。查巴賴忠即哲孟雄，乾隆年間藏哲劃界，原立有封堆，嗣嘉慶八年第八輩達賴喇嘛將藏治熱納宗〔註55〕草場一段撥給哲孟雄管理，致英人藉口，以既屬哲轄即為哲境，不能仍照舊日封堆，閱《印藏條約》載明分哲屬梯斯塔及南流小河等處分水嶺之一帶山頂為界。嗣經現任駐藏大臣文海〔註56〕酌擬通融辦法，以界址仍照藏人所指，將亞東關亦依英人所請移至仁進岡，照會英印度總督，現尚未據照覆。

原呈又稱，與英法相爭案內，聞撥賞庫款四十萬兩，內承領修補大昭寺銀四千兩，修理那塘門牆銀二千兩，奎大臣任內修工銀一萬七千兩，各有甘結，惟所領銀數與原數不符。等語。查前駐藏大臣升泰及奎煥任內，先後撥款十二萬兩，經奎煥併案奏銷。內開連提用藏庫邊餉銀三萬兩，庫儲賞需銀一千餘兩，共支給赴洋赴邊漢番各員弁兵丁薪餉等費銀十二萬五千兩，修建靖西內外關卡城垣及各衙房屋工料五萬八千餘兩，均有冊可稽，並無撥款四十萬兩之事，亦無另行撥賞之款。

原呈又稱，那塘邊界立約時，奎大臣云五年後倘另有事，於六個月前聲明具奏，雖經議定，但英人不可深信，末便拘定五年後再議之語，請遵照例章，永遠奉行。等語。查《印藏條約》第二款載有五年後如有應行變通之處，於六個月前聲明議辦，此係隨時查利防弊之意，然曰議辦，其變通與否，仍可由我核奪。

〔註55〕熱納宗，即日納宗。
〔註56〕文海，字仲瀛，費莫氏，滿洲鑲紅旗人，光緒二十二年二月乙亥，賞貴州按察使文海副都統銜，為駐藏辦事大臣，光緒二十六年因病請入川治療，行至王卡塘卒。

原呈又稱，五年後那塘地方買賣地稅請賞給達賴喇嘛，以濟軍糧。近年藏地困苦，駐防兵不下萬餘，已有七年之久，籌撥糧餉不易設法，並乞恩施將駐藏大臣所屬三十九族及喀拉烏蘇八旗歸藏管轄。等語。查該處設關，商務尚未流通，稅則亦未議定。所請將地稅給濟軍糧，應俟議定稅則，稅收暢旺，再為酌核辦理。藏人域守舊規，因陋就簡，近年添兵駐防，用款支絀，亦係實情。然達賴喇嘛席有全藏，其於務本力農通商惠工一切生財因富致強之道，概未知加意講求，以致貧弱不振，乃欲兼轄駐藏大臣所屬之三十九族及喀拉烏蘇八旗，以為附益，所請殊屬不識大體。查三十九族及喀拉烏蘇八旗，舊制隸駐藏大臣管轄，以資撫馭邊陲，用意甚遠，豈容妄議更張，侵權滋弊。

原呈又稱，唐古忒兵丁人數足額，而器械不齊，苦無製造，又無精妙匠役，伏乞賞給大小槍械火藥鉛丸等件，或派工匠赴藏製造。等語。查整軍經武，必資利器，藏人欲圖自強，講求器械製造，原所應為，然必俟勘界通商各事辦有端緒，由駐藏大臣察度情形，奏明核辦。若遽涉張皇，恐於界務各事轉多窒礙。

原呈又稱，以上情形，駐藏大臣置若罔聞，嗣後如遇緊要事件，准由達賴喇嘛徑報理藩院代奏，請另賞給印信。又分界時，駐藏大臣並不秉公，如有查辦，請旨派京員來藏會商。等語。達賴喇嘛以藏事壅於上聞，多由外間專擅，殊不知自光緒十四年藏中多事以來，事無鉅細，皆經歷任駐藏大臣奏達聖聰，欽遵諭旨辦理，並無壅遏專擅之弊，所請應毋庸議。

總之，藏事業與英人訂明條約，凡交涉各事，自應按照條約辦理。乃藏人屢經開導，至今仍未釋然，該達賴喇嘛世守藩封，值茲時局，凡宜仰體朝廷推誠相與，休戚相關之意，經權互用，共濟時艱，勿滋疑慮。應請旨飭下駐藏大臣剴切曉諭，嗣後藏中一切事宜，務須開誠布公，與該達賴喇嘛等和衷妥籌，用孚藩服而弭邊釁。謹奏。

光緒二十五年四月二十七日。奉旨，依議。（《清季外交史料》光緒朝卷一三八，頁三一）

光緒二十九年布魯克巴爲英牢籠與旁觀英侵藏

　　丁寶楨早已言之，結廓爾喀、布魯克巴以抵英寇之侵略，然昏昧之清廷，從無所舉，空言誤國，光緒十四年英寇侵藏時升泰卻布魯克巴之助，英寇屢次侵布之時清廷不力助之惡果今日自吞也。至於清之藩屬者廓爾喀助英侵藏，達賴轄下同宗同教之布魯克巴日益爲英人所籠，亦助英侵藏，讀書至此，良可嘆也。

一、《有泰日記》述烏堅汪曲之活動

　　二十六日〔註1〕記，午初，馬總兵正太〔註2〕，韋領事禮敦〔註3〕回拜，均會，韋領事面交草條約一函，布魯克巴噶基烏堅〔註4〕來拜，洋人提及，番子知其狡猾，至令官兵俱無住處。且應用食物草料，均未送到，聞說噶必丹噶基〔註5〕皆在內作祟，番人又不知輕重，並以隔閡，未曾浹洽，布魯克巴部

〔註1〕二十六日，爲光緒三十年六月二十六日。
〔註2〕馬總兵正太，即麥克唐納（Mackload），爲光緒二十九年榮赫鵬侵藏之軍事指揮官，准將銜，娶妻藏婦，著有《旅藏二十年》一書。
〔註3〕韋領事禮敦，韋禮敦（Sir Ernest Colville Collins Wilton，一八七〇～一九五二年），英國外交官，生於新加坡，父親丹麥人，母親荷蘭人，光緒十六年來華，光緒三十四年與張蔭棠以及西藏委員噶布倫汪曲結布簽訂《中英修訂藏印通商章程》，後歷任廣州成都漢口總領事。
〔註4〕布魯克巴噶基烏堅，即烏堅汪曲。
〔註5〕噶必丹噶基，清時期廓爾喀駐西藏官員之名稱，名吉特‧巴哈杜爾《清時期西藏與布魯克巴》頁二四五。

長中薩本並噶基烏堅面呈洋點心洋酒及片子風帕等件，收之。(《有泰駐藏日記》頁一一○)

二、附英寇自述籠絡烏堅汪曲助其侵藏

關於布丹，吾人此日常懷極大之憂慮，吾人進兵春丕〔註6〕之日，布丹實欲袒助藏方，布藏兩國同一信仰，關係密切，故布人之左袒藏方大有可能，而吾人最低限度須使布人中立，其關係實非淺鮮，大吉嶺道尹馬林丁氏曾函請布當局派員磋商一切事宜，然覆函正於我人通過春丕時到達，似未能全部滿意，故余再上當局一函，結果派有高級官特林派克藏本來至裴利，由華爾綏君携來吐納謁余。

其為人粗獷而愉悅，余謂余僅願聞不丹意欲加入何方，因布藏兩邦同奉一宗教，倘必欲左袒藏方，吾人亦極能諒解，但須明白告知，俾我方有所準備云，渠鄭重聲言布丹決加入我方。余謂此僅口頭表示耳。渠謂此可行諸紙墨，渠且簽署其上，旋果如所言。余又謂此亦不過一紙文書耳。尚能以行動表現其友誼否？又問能以軍需品資助吾人否？渠皆毅然承諾之，並允代修通阿木竹河〔註7〕之道路，而由我方付代價。吾人既有尼泊爾人為左翼，而右翼復有布丹人之誠意資助，異日進兵西藏，得尼布兩邦左右夾輔，余之地位更鞏固矣。

此一特林派克藏本立成吾人有益之聯盟者。余向之解釋對藏問題之全部經過情形，頗似余在甘壩莊時對藏人發表之演詞，渠自願晤藏代表，告以我方我之觀點，並設法勸導彼等謀一解決，因布國政府渴望能達到和平之解決也。余雖不期望此君〔註8〕有所作為，然私念此君試行調解之事，或即促進英布兩方密切關係之手段。余遂許其前往訪晤拉薩代表，並詢其鳩侶〔註9〕之行，定於何日。此君答言殊使余大為驚訝。渠覺鳩侶方面諸代表無一具有充分地位足令其紆尊枉顧，渠將遣人召其前來會見云。拉薩方面之另一將軍，即代表諸喇嘛之某將軍者，果遂應召前來拜會，此一意外舉動對於我人爭持之點，更予以充分證佐，即藏政府遣來與余談判之人物，其地位殊太卑微不足與余從事鄭重之談判云。

〔註6〕 春丕，亞東縣內一小地名。
〔註7〕 阿木竹河，今多譯名阿木楚河，布魯克巴哈宗所在河谷之河流。
〔註8〕 此君，即烏堅汪曲。
〔註9〕 鳩侶（Kuru），今譯名古魯或古汝，光緒三十年英寇於此屠殺藏軍數百人。

　　布丹使者與藏代表初度晤談後，即詣余陳述談話之結果。渠謂曾向藏代表申述余意，彼等答言亞東爲指定談判之地點，吾人應在該處磋商一切事宜，乃吾人捨此而攜兵來甘壩，復由甘壩進入春丕，故彼等不信我方有促進和平解決之誠意也，然彼等亦轉詢我方對於解決本案所希望之條件云。

　　余告布丹使者，倘余認定退返亞東之舉尚有促成對藏永久解決之些微希望，余固樂爲之。然事實上，吾人在亞東試行解決者，已歷數年。我方政務官懷特〔註10〕及默休呂爾大佐〔註11〕亦曾在該處晤及藏方長官暨駐藏大臣，然毫無成果。致於我方要求解決之條件，如藏方派有能負全責之交涉大員，余自須立即與之商討，然余於一般之條件有可得而言者，吾人須與藏方解決三大要點，其一爲藏錫之界線。其次爲通商章程暨較亞東更適當商埠之選擇，最後則英藏間一切交往之方式也。時彼方正候余答覆，布丹使者遂再詣藏代表處。次日彼方舉行全體會議於鳩侶，以考慮此事，於是拉薩將軍再謁布丹使者，藏人宣稱因我人擅入藏境，其曲應在我方，故須我方退出亞東，始可舉行談判，至關於英藏交往方式之規定，彼方惟有奉告我人，任何交往皆所不許，以其違犯彼邦之規律也。

　　此番談判雖毫無結果，然在進行和平解決之嘗試中，吾人已成就另一事業，即此一嘗試竟成英布交歡之助力，出乎意外者也。余於是時函向當局建議，希望以此爲起點，建立吾人與布丹更親密之關係，蓋布丹使者爲人感覺最敏銳，余在邊地從未見此種人物，余等與謀親近必有裨益云。後此一切計劃皆能實現懷特兩遊布丹，與彼邦人民建立最好關係，布丹今已確定受我保護〔註12〕矣。

　　此爲吾人進兵以前最後一次談判之嘗試。舊任駐藏大臣〔註13〕屢言欲來

〔註10〕懷特，清時期檔案多譯作惠德，即約翰‧克勞德‧懷特（John Claude White），一八五三年出生於加爾各答，母德國人，父爲一英國外科醫生，學於印度皇家工程師學院，畢業後效力於印度市政工程部，後入政界，一八八九至一九〇八年間任英國首位駐錫金政治專員，光緒二十九年榮赫鵬率軍佔領拉薩其亦爲其中之一員，著有《錫金與不丹》一書，述英印侵略之史。
〔註11〕默休呂爾大佐（C. La Masurier），履歷待考。
〔註12〕宣統元年英印誘布魯克巴簽約，謂布之外交僅受英之指導，照會清廷，清廷以私約而拒絕承認之，不知此殖民分子保護之說何來。
〔註13〕舊任駐藏大臣，指裕剛，字子維，蒙古鑲黃旗存麟佐領下人，光緒八年十二月派充西藏隨印司員，二十年授四川雅州府知府，後調藏充糧務委員，二十四年七月甲戌，賞副都統銜往藏辦事，二十五年六月初三日抵藏，爲駐藏幫辦大臣，二十六年九月甲戌，擢駐藏辦事大臣，於十一月十七日接任，二十

晤余，然終不果來。其特為此一工作選派之新任大臣〔註14〕，受命於一九〇二年十二月，直至一九〇四年二月十一日始抵拉薩，渠本人既未露面，藏方亦未見任何適當之代表。吾人在二三兩月中，惟有耐心靜候而已。

各將士生涯殊困苦，蓋常須嚴密守望也。霍格大佐因氣壓太高，苦於失眠，不得不往春丕休息兩周，該處距海面僅九千尺，可恢復其睡眠，印兵中多患肺炎者，其中十二人，因氣候關係，竟不救。另有可憐之少年路易氏，服務於郵傳部，兩足皆因凍傷裂斷，亦終不可治。

然吾人亦各有所事，萊登則出外測量，赫登則考查地質，窩爾敦則搜集各種各色之生物，鄂康諾〔註15〕則常為一群污穢之藏人所環繞，余則消磨永晝於山麓避風之處，曝日取暖，一般說來，尚有樂趣，以自然風物常足欣賞也。

天日大抵清明，然每隔十日或十一日，常括風一次，風勢猛烈，終日不斷，時有濃雲蔽日，自印度方面飛來。於是大雪紛飛，吾人乃為猛烈之風雪

九年十二月二十四日，有泰抵藏，二十六日交卸返京。

〔註14〕新任大臣，指有泰，字夢琴，卓特氏，蒙古正黃旗人，駐藏大臣升泰之弟，光緒二十年十一月己未命往藏辦事，十二月二十四日抵藏，二十六日接裕鋼為駐藏辦事大臣，時英寇榮赫鵬屢約其至藏邊談判，有泰藉口商上不肯支應烏拉不赴邊，後英寇於骨魯屠殺藏軍後，有泰上書總署借英寇以制服藏人所謂釜底抽薪之計日。

此事既經開釁，決裂已成而又似非決裂者，蓋英人戰勝之後，頗具不忍人之心，即其照會前來，仍是慮周藻密，以邦交為重。惟藏番執拗無理，膽大妄為，即儀秦復生無所施其辯。昔年隆吐之戰，大致相同，今欲折服其心，非任其戰，任其敗，終不能了局。目前不獨不支夫馬，難以進言，且屢次聖訓煌煌，並不遵守，雖未敢形諸公牘，而言語之際，違悖頗多，惟有鎮定處之，俟有隙再圖善策。好在英人深知底蘊，不致有礙邦交，不過將來多費唇舌，倘番眾果再大敗，則此事即有轉機，譬之釜底抽薪，不能不從吾號令也。

及英寇抵拉薩，有泰率眾輿牛羊米麵以犒英寇，時榮赫鵬咸逼藏人簽約，有泰亦迫藏人屈服之，《拉薩條約》成，榮赫鵬以駐兵之費須由清廷承擔以迫有泰簽約，為清廷阻止之。三十二年四月初六日，清廷命張蔭棠入藏查辦事件，十月癸未，詔京，駐藏大臣由聯豫補授，十一月十八日，張蔭棠奏參有泰貪贓枉法，顢頇誤國，二十九日，清廷著革職查辦，三十三年二月初六日改發往張家口軍臺效力，宣統二年七月卒。

〔註15〕鄂康諾（O'conner），清代檔案亦譯臥克納，通藏語，光緒二十九年榮赫鵬侵藏分子之一，英寇撤離拉薩後任江孜商務委員，脅迫九世班禪赴印拜見愛德華七世，時達賴因英寇侵藏而出逃庫倫，班禪赴印乃十三世達賴與九世班禪失和之主要原因之一，十三世達賴入京朝覲清德宗與慈禧之時，鄂康諾又密攜哲孟雄王儲入京交通十三世達賴，乃一狂熱之殖民分子。

撮弄兩三日矣。萬山隱形，除雪堆外一無所見，其纖細而乾燥，有似塵埃，浸透一切，無孔不入。亙數日中，即在正午，寒暑表亦不易升過十五度。我軍營幕即此種淒涼景象之素描。彼可憐之哨兵，入夜須抵抗怒風寒雪之侵襲，又須在此稱可怖之環境下防禦藏人來攻，吾人誠不能想像其可能也。（《英國侵略西藏史》頁一四一）。

張蔭棠查辦藏事關涉布魯克巴者

　　光緒二十九年英寇侵藏，藏軍力戰失敗，駐藏大臣有泰之表現與英寇無二，十三世達賴喇嘛出走庫倫，英寇迫甘丹頗章簽《拉薩條約》，清廷命駐藏大臣有泰勿簽，藏政糜爛不堪，清廷命張蔭棠入藏查辦藏事，張蔭棠奏參有泰並革職流放張家口，張氏鑒藏政之糜爛多有新政之舉並激勵藏人革新，其之新政亦多關涉西藏之屬部布魯克巴者。

一、致外部丞參函詳述由靖入西藏路程及視察各地情形（光緒三十二年十月初五日）

　　敬啓者，在靖西肅布藏字十八號公函，計達臺覽。棠〔註1〕遵於九月初八日由靖西起程，越春丕谷，格林卡，是晚宿奪打塘。初九日逾闐王澗到帕克里，雪山嵯峨，水土惡劣，人馬氣喘。初十日到堆朗，即唐納山口。十一日到噶拉，十二日到薩馬達。十三日到康馬。十四日到騷剛。十五日到喇嘛廟。十六日到江孜。寓演武場行臺。沿途察勘形勢，英兵現駐離春丕五里之下驛馬。聞將帕克里舊炮臺改築營房，栽植果樹。查自咱利山起，沿路層巒疊嶂，惟春丕谷一帶平原，水草豐饒，可耕之地甚多。毗連竹巴邊界，即布魯克巴，禾麥被野，天氣和煦。日本城田安輝言，英人若佔據春丕谷一帶，可以賤價向布丹購毗連原野，聯成一片大陸。則英人垂涎可知矣。過帕克里後，山坳中五六百里長平原野，直達江孜，可騑馬車。倘修築鐵軌，咄嗟立辦。濱湖沃壤，青稞蔥鬱。其堆朗至薩馬達一段，五金煤鐵礦苗顯露。雪山數座，英

〔註1〕指張蔭棠。

人言因此建西人避暑之所，較勝大吉嶺。由春丕至江孜一帶，實爲全藏之膏腴，地形如箕舌伸入布丹、哲孟雄間。西人言其地當初或屬布丹，或屬哲孟雄，未可知也。英人圖藏，全神注重於此，則我之所以籌防者，亦莫要於此矣。棠到江孜，適英駐西金政治官貝爾擅進十卡子，回途過此。江孜商務委員臥克納因事回國，委百立代理。棠二十四日約貝爾、百立午餐，私談開埠事。先是英員私占逸陽河濱地，約四百餘畝，議建公廨墳塋茶園鋪機購運磚石木料，不日興工。聞英廷擬撥六萬金，爲建商務委員公廨之用。地圖已繪呈英廷存案。此時僅欲以筆舌攔阻，恐難挽回。棠因履勘，逸陽河濱一片田野，爲帕克里至江孜入前後藏之孔道，形勢頗佳。因擬乘機展拓界址，作爲江孜商場，業將辦理情形電陳在案。茲將商場詳細地圖繪呈備核。現擬商場內所有馬路，巡警，裁判等事均歸我自辦，以冀不礙主權。其餘關廨，旅舍，貿易商場，均仿亞東關成案，參酌辦理。現擬咨調駐藏大臣衛隊一百名，商上番兵一百名，來孜改練巡警，暫濟目前之用。所有加餉俸薪等項，擬援照亞東關成案辦理。乞准先予立案。又咨駐藏大臣轉行商上派番官三員，以充三埠商務委員，隨同漢員辦理商埠事宜，以期漢番情形不致隔膜。再查亞東一關，自英人新修干都〔註2〕一路直達春丕，必改設分卡於吉碼橋，江孜一關由康馬可以繞越。至春堆〔註3〕必設分卡於康馬，乃可以握商貨往來之總樞，而杜偷漏之弊。此皆目前虛擬辦法也。統乞代回堂憲核辦爲荷。棠於十月初三日由江孜起程，計期十二日可抵拉薩。俟到拉薩後，再將情形詳細續陳。耑此敬候勳綏。附呈江孜商場地圖一紙。（《清代藏事奏牘》頁一三一五）

二、張蔭棠與藏人之問答二十四條

傳諭藏眾善後問答二十四條（光緒三十三年二月）

一、此次藏印構兵，生靈塗炭，白骨遍野，四民失業，十室九空，本大臣經過各地方，觸目驚心，實深憫惻，不能不太息痛恨於黷武殃民之首禍諸臣也，此次藏印齟齬，英人藉口於爾藏人不遵守光緒十六，十九年條約，不聽大皇帝訓令，故英人以兵力自行收取應得之權利。起事之初，爾藏人本不諳交涉，專以意氣用事，不明交鄰之義，適以墮敵人詭計中。達賴並不稟命大皇帝，擅開邊釁，實已犯無君之罪，臨時又不聽駐藏大臣良言開導，爾噶

〔註2〕干都，即今日譯名甘托克者，爲哲孟雄首府。
〔註3〕春堆，待考。

布倫，商上，戴琫各官，並不能先事諫阻，一味阿諛奉承，兵敗之後，如鳥獸散，或反以獻媚洋人，自保身家為得計。今日藏事之壞至此，藏民兵火之慘如此，爾藏官具有天良，清夜自思，問何以對大皇帝，何以對宗喀巴佛祖，何以對全藏百姓。大皇帝若一旦赫然震怒，明降諭旨，責爾等黷武殃民之罪，立置重辟，夫復何辭。爾等得邀赦典，皆大皇帝如天之恩也。達賴新任三五無識喜事少年，不度德，不量力，不審敵國強弱虛實，輕舉妄動。平日漫無戰守之預備，無兵無餉，一旦驅未經訓練之愚民，持朽腐銹壞之武器，貿然與強敵戰，視同兒戲，是不啻手刃屠戮其民。揆之佛教慈悲戒殺之旨，螻蟻生草不輕踐踏，今乃戕害無辜，縱免國刑，必遭陰譴也。使藏中能遵守大皇帝十六，十九年所定條約，藏印相安貿易，何至出此場惡戰，一敗塗地，城下劫盟，定十條新約，種種吃虧受制，貽後日無窮之累哉。嗚呼。世界上無論何國，貧者弱而富者強，智者興而愚者亡。虔唪經典，不足以禦巨炮也，謬信符咒，不足以禦快槍也。洋人挾其兵力，以行其耶穌之教，壓制全藏為牛馬奴隸，此時雖欲唪經誦佛而不可得，經茲創鉅痛深之後，宜亟籌懲前毖後之謀。本大臣奉命來藏查辦事件，首以啓發民智，日進富強為唯一之目的。爾噶布倫，文武大小各官，其各洗心滌慮，痛改前非，竭智盡忠，上副大皇帝子惠元元之意，倘仍虛驕謬妄，貪黷殘刻，罔恤民艱，本大臣執法如山，唯以軍法從事，決不庇縱，勿謂本大臣不教而誅也。

　　一、英軍入拉薩後，爾噶布倫等擅與英軍訂立私約十條〔註4〕，失去種種權利，並未稟命大皇帝，實屬專擅妄為，本應治以應得之罪，大皇帝曲諒爾等一時權宜救民之計，不加深究，爾等其知之耶。西藏係大皇帝統屬，藏官無與他國立約之權，大皇帝故不肯承認拉薩之私約，英國不得已於光緒三十二年四月與唐侍郎〔註5〕在北京重定《中英藏印續訂條約》六條，為藏人爭回許多利權體面。奏經大皇帝批准，始將改定拉薩之約作為附件，由漢官督率藏眾切實遵守。查拉薩原約本有亞東，江孜，噶大克〔註6〕三處開作商埠之語，

〔註4〕私約十條，指榮赫鵬侵藏後在拉薩與甘丹頗章所簽之條約，榮赫鵬威脅並誘騙駐藏大臣有泰簽約為清廷阻止，此約不為清廷所認，見附五。

〔註5〕唐侍郎，指唐紹儀（一八六二年一月二日～一九三八年九月三十日），又名紹怡，字少川，幼曾就讀於香港皇仁書院，後為清廷公費派至美國留學，肆業於哥倫比亞大學，具近代西方之知識，光緒三十年赴印談判西藏問題無果，後於北京簽訂《續訂藏印條約》，後任清廷郵傳部尚書，中華民國首任國務總理等職。

〔註6〕噶大克，即清時期阿里宗本所在地噶爾雅沙。

是該三處商埠，係出於爾噶布倫等闔藏之意，業經允認，此時自不能背約失信，但開埠辦法種種不同，必如何方能不失主權而興商利，稍有不愼，事權爲人所牽制，而通商適成漏卮。商戰之敗，害尤烈於兵戰。方今地球上萬國交通，斷無閉關絕市而可以立國之理，稍知時務者，當破除昔日禁民貿易之迂見，蓋商務旺則其國富，國富然後可以籌餉製械而兵強，自然之理也。西藏地廣人稀，荒蕪未闢，當用何法以振興農工商業。現當亞東、江孜、噶大克開埠之始，爾等土著之人，於地方利病見聞較確，外何以抵制洋商，內何以擴充民利，其詳籌章程，以備採擇。

一、全藏文武大小藏官共若干員。如何分地而治。某官每年租俸出息若干。各處喇嘛寺地租若干。僧徒若干。一一詳報，以備查核。

一、拉薩原約聲明三處商埠妥立及切實開辦，足滿英人之意，三年後春丕兵方可撤退。等語。在我應如何籌辦，方能副妥立切實之義，使英人無可藉口，屆時不能不撤兵。

一、西藏介居英俄兩大國之間，因係中國屬土，故莫敢吞併。如有姦臣進讒，或勸祖英，或勸祖俄，此皆可殺，或英俄行反間之計，勸爾背漢自立歸他保護，此係吞併之詭謀，切宜勿聽，中國撫有西藏二百餘年，未嘗取西藏一文錢入中國，反爲西藏糜費去數千百萬，實念西藏百姓與中國血脈一線，如同胞兄弟一樣。大皇帝撫養莫大之恩，爾子孫世世不可忘。

一、西藏內力未充，不可輕開邊釁，與人戰爭，自取滅亡。宜忍小忿以圖自強，凡事稟明大皇帝然後行，爾藏官平日亦要略講究萬國交涉公法。

一、拉薩城破，達賴出奔，實爲唐古忒千年未有之奇辱。爾等宜將戰敗殺戮慘狀，繪爲圖畫，懸諸三大寺門口，永遠不忘此恥。勿謂今日和約可長恃，當常思念敵人猝來挑釁，長驅直進，爾籌有何策以禦之。知舊兵不可用，不能不改練洋操也。知舊槍不可用，不可不購製快炮也。糧餉不厚，不得士卒之死力也。偵探不密，不能知敵軍之內情也，地圖不精，營壘不能占形勢也。測量不准，槍炮不能命中也。事前不一一籌備，敵至復束手無策，爾等其熟籌方略以對。

一、練新軍必先籌餉，商上爲全藏財賦之總匯，每歲究竟進款若干，支款若干，省無益之冗費，實能練兵若干，西藏向用民兵，平時未經訓練。出戰時戈矛均由民備，每日僅給糌粑，茶葉，不足糊口，安望其能殺敵。若招練常備新軍數千，訓練民兵，相輔而行，庶乎有濟，爾等其詳籌以聞。

一、欲籌餉必先振興農工商業，藏地未開墾者甚多。某地宜種植，某地宜畜牧，某物宜製造，亟應講求。其出口貨，以羊毛牛皮大黃麝香爲大宗，並宜設法推廣，以關利源。

一、西藏五金煤礦冠絕全球。英俄久已垂涎，欲起而攘奪之，苟不自行開採，適啓戎心。應如何妥定章程，任民開採。官收其什一之稅，此天地自然之利，以西藏之財辦西藏之事，以西藏之地養西藏之人，毋惑於鬼神風水之謬說，而閉塞山川之瑰寶，礦產既開，即可修鐵路，商務更旺，富強之基實根於此，其各據所見以對。

一、英軍由哲孟雄之干多〔註7〕新修兩路直達春丕，將來商貨必群趨此途，若一旦有兵事，設防亦莫要於此。英人全神注重於春丕，江孜一帶平原，應如何先事籌防。

一、西藏黃教紅教雖分兩派，實同一家，應如何互相聯絡，釋前嫌而共謀禦外侮。

一、西藏與布魯克巴^{本中國屬地，英人謂之布丹國}，欲肆其蠶食之計，以賄賂其頭目，以賤價向布王售買土地，廓爾喀，地勢犬牙相錯，實如唇齒之相依，應如何互相聯絡，以冀共固吾圉。

一、廓爾喀地雖小而兵甚強，近年採用西法，改用洋操，有精練民兵三十萬，又有製造廠能自鑄槍炮，選聰強少年往外洋遊學。西藏與廓爾喀接壤，風俗政治相似，又同是大清屬地，應如何速派噶布倫，戴琫親往詳查，參仿其兵制，以練新軍，改良一切政治，與廓爾喀結攻守同盟之約，無事相親睦，有事相扶持，庶敵人不敢覬覦侵侮。

一、藏官來往，責民間供應烏拉，夫馬，實屬擾民之苛政，應一律革除，或招商於拉薩、江孜、札什倫布，設立烏拉公司，應如何明定章程，按日照給市價，以蘇民困。

一、藏中刑罰慘酷，動輒抄家滅產，自應查照大清律例酌定寬厚簡易之法，應如何分設高中初等裁判所，以平訟獄。

一、藏民愚蠢，多不識藏文，既係中國百姓，又不識漢文，不懂漢語。達賴，班禪本應專管教務，應如何廣興教育，漢藏文兼教，使藏民人人能讀書識字，以開民智。

一、山路崎嶇，轉運艱阻，有礙商務，站宿之處又時虞盜賊，應如何設

〔註7〕干多，即前文之干都，今日譯名甘托克者，爲哲孟雄首府。

立巡警局，修治道路，保護行旅。

一、銀行爲商務之血脈，必周轉便利，商務乃可大興。藏庫壅積而不流，幣制尤攙雜破碎，商民交病。應如何議開拉薩總銀行，分設支店於打箭爐，江孜，札什倫布，大吉嶺等處，以便轉輸，而擴商利，

一、婦女首重貞潔，祇宜管理家務，紡織細工。不宜充差徭，烏拉賤役。又一婦祇宜配一夫，違者應如何議罰，則男女均平，舉國無曠夫怨女矣。

一、潔淨爲衛生之要義，身體頭髮宜常洗浴，居室宜多開窗牖，飲水宜求清潔，屋旁宜留空地多種樹木以吸空氣，樓下不宜蓄養牛馬，糞溺鬱蒸，有礙衛生，治病宜精究醫藥。以上諸事，藏人皆素未講究，應如何設衛生局，醫院，以保護民命。

一、鰥寡孤獨，殘廢老弱之人，應如何設院收養，教以手藝，啞者能使識字，盲者能使讀書，並宜教以相宜之手藝，使自食其力，應如何籌建博濟善堂，以惠窮黎。

一、西藏本係佛地，藏民人人爲喇嘛，各寺不宜限定額數，必廣爲剃度，方合佛教普度眾生之旨。或慮喇嘛多則生齒寡，不知佛教眞詮，原不禁人娶妻生子食肉。其不願娶妻者，別爲苦行喇嘛。其願娶妻者聽。喇嘛仍可充農工商兵諸業，唪經祇在密室中子時功課，蓋佛教三昧，祇重本心，不重儀式也。昔日本原係佛教，自僧空海離鸞發明本願眞詮，遂成富強之業，應如何釐定章程，其詳對以備採擇。

附錄：藏眾答詞

第一條　彼此兩國釀成兵端。因未熟諳戰法，不能相拒，聽其英人意願，祇得訂立條約，仰蒙大皇帝垂念小地之人力微無識，不能建功，實乃逾格天恩，寬免罪責，委屬淪肌浹髓，前此失利情由，今雖未便再瀆，但冀大人明悉，特將大略具陳。前此業已具稟，查光緒二十九年駐藏大臣裕〔註8〕與達賴佛爺行文，以藏英事宜即須開議，是以派委漢官知府及番員戴琫二人，飭令前赴干壩，殊該外藩並不按理會商，突然返回，隨帶大兵由卓木，亞東越入關口，來至帕克里，將善言開議之前後藏戴琫二人，並札什倫布等處大小僧俗番官，防守番兵，在曲米昔葛〔註9〕被外藩詭謬騙哄，先行出手，大肆傷斃，恃強直入。是以按照西藏前輩向來曾經公立甘結事理，不能捨棄大皇帝及達

〔註8〕　駐藏大臣裕，指裕鋼。
〔註9〕　曲米昔葛，似即古魯之藏文發音。

賴佛爺民土，由小的闔藏僧俗大眾公所會議，調遣番兵，無暇具奏請旨，不得不即行交戰，實非達賴佛爺暨小的闔藏大眾不遵大皇帝諭旨，於文武事宜，未敢與彼尋釁，先行出手，且達賴佛爺實無背旨用兵之事，懇請鑒照，茲奉示諭，爾等得邀赦典等因，實屬感激。尚望據情奏明，以期得荷聖明洞鑒，務懇照前維持施行。

第二條　仰蒙大皇帝認眞維持西藏事務，復訂條約，實屬感激，請將此約照抄賞發商上。至英軍入藏立約一事，該英官由駐藏大臣有交到注明八條清單，經僧俗大眾公所會議後，將番邊可以應允及不能承認應行駁覆，並由噶勒丹池巴暨噶布倫等與闔藏僧俗大眾往謁駐藏大臣。於眾番官齊集處，英官言云奉到披楞王諭旨，於前註八條清單之上，從新復交增添，甚貽後患事宜清單，委屬難以應承。因駐藏大臣乃係主持藏事之人，是以闔藏大眾將苦楚情形，祇有一心倚靠駐藏大臣。大眾均已同心商定，迭次遞呈公稟。諭以議和事宜祇有如此，即照此出具圖記及噶廈以及大眾圖記，在布達拉頗章，當同駐藏大臣有〔註10〕，並廓布英藏齊集。所蓋圖訂約，先後並非藏人擅敢輕立條約。若蒙詢問有大臣，自可明悉。藏人實無違背朝廷，懇請施恩，一併據情轉奏施行。

第三條　所有抵制英商並籌備兵餉，俟奉訓示，再當節次陳明。

第四條　前將僧俗文武大小花名，每年租俸莊田若干，遞呈清單，至於商屬各處營官地方人民共有若干，昨奉大人示諭，俟發到刻畫底表，再行查明稟覆。

第五條　此案籌辦妥立之關鍵，須即安設三處商埠，前已具稟。其應修估值商房一切，應遵大人之意，由番邊修理，所需土木石三項，自當即行札飭備辦。來年天時和暖，漢英番三處會集，俟查勘工程大小，地方准定後，即行動工，不致違誤。惟兵費銀兩，荷蒙聖恩賞撥帑庫，今將來年三次兵費交清，商埠設妥後，該外藩雖未必有藉詞推諉之事，倘照前仍有前言，後背開端藉口時，惟有據情向朝廷陳訴，此外別無所倚，以期其免致爭論，祈請預為飭禁。

第六條　英藏交兵後，該英人以為此後必須和睦，或達賴替身，或噶勒丹池巴，或商上官階較崇之員，若到甲噶爾謁見甲噶替身王子時，商務迅可了結，且與藏人甚有裨益。後又講說古事譬喻，寄到信函。雖哄騙引誘，因

〔註10〕駐藏大臣有，指有泰。

該英人不特慣用詭謀，且教道相反，是以商議拒絕，未敢輕率前往，伏念西藏唯靠大皇帝作主施恩，至於俄羅斯國，亦屬與此相同，將來西藏祇有倚靠大皇帝，此外別無所望，務懇照前保護扶持。

第七條　所有公法即當遵諭商詢，至於設法自強，及新練兵丁各事，當如後開辦理。

第八條　查西藏因係佛教，不但不知戰法，且未設法籌備，突然拒敵，交綏敗北，職此之由。此後敵人逼處，萬難如前寬懷坐待，自應新練防守兵丁，於舊有前後藏番兵三千名之上增添，後開共擬一萬名。所需槍枝，前於此間曾造洋槍約計一千杆，惟勁力不及外藩槍枝，加以數目不多，不敷散給新兵，又難遽行製造，該外藩勢極強橫，難保不突然進擾，以圖先發制人，現在雖覺萬難，祇有仰懇據情代奏，賞給速率有勁新槍一萬杆，配足彈藥，並抬槍多杆。再將巧妙工藝數名，請由四川調藏，俾資教習番民，務望賞准辦理施行。

第九條　查商上進款，已飭各公所將進出折抵餘剩若干詳細具覆，俟遞到再將清單具呈。惟進款大宗均須念經作善支出，是以差徭每年並無餘溢，凡遇增添支款，即於商上出銀生息，亦皆按年悉作祝誦經典之用。所有練兵事宜，昨大眾派令替身面謁，奉諭須練四萬兵，每屆年滿退回，複調四萬輪替，十年即有四十萬兵，其內四萬須得常留給餉。等諭。此事無論遲速，若果飭調揀選，或可足數。但藏地狹小，實難籌措兵餉，擬於前有三千番兵之外，前藏番兵田土較大，飭派二名。後藏番兵田土較小，凡番兵二頓〔註11〕派調一名。其餘在商上，世家，寺院等處剛〔註12〕，頓中攤派，擇其強壯番兵五千人，每年輪換，連舊有番兵共計一萬名。此項自當按其時勢，練習洋操，謹如示諭遵行。

第十條　練兵餉項，尚應從新開墾，並設法振興商務，總當遵諭盡力籌辦。

第十一條　查西藏從前曾在堆里〔註13〕屬挖金，並依地拉屬〔註14〕以及瞻對所屬向來祇有挖金之規。其餘銀銅鐵錫等四項並煤，實無開採之事。但以敵人逼近，萬難坐視，係屬實情，今雖不得不開挖備用。惟西藏乃係佛地，經傳保祐，黃教靈異，護法各神山並極要雪山甚多，若在此等地方開挖，設

〔註11〕頓，西藏計算差地之單位，依收穫之產量而非面積。
〔註12〕剛，西藏計算差地之單位，通常兩剛為一頓。
〔註13〕堆里，即阿里。
〔註14〕依地拉屬，待考。

有不祥、瘟疫、饑饉等事，因人心疑怪，觸犯神靈，以爲風水寢衰。是以將此節除開，實非不遵示諭，置諸膜外。擬除去此項地土外，其餘查明果有礦產，若係合宜之地，自當盡力開採。

第十二條　邊於要地設防，時下番兵軍械尚未操練，暫時擱置。其間一面操練新兵，籌備器械，一面劃分邊界，並安設商埠，定明內外諸事章程。日後英兵撤退，屆時將卓木等處險要安設防兵。意見如此。應如何方能合宜請示遵行。

第十三條　查向奉白教及紅帽教道，內祗有布魯克巴別爲一部，所有藏內各薩迦，黃教，紅教，竹巴教，凡尊從道教者，於掌宣保護，皆能同心維持大局，向無祖徇。至布魯克巴，若果未被英人強服，應照前和睦。大眾將黃教在心，協力共謀一節，謹當遵諭奉行。

第十四條　查歷來唐布因係同教，凡年期布番派人至藏謁見，現在亦照向例，力敦和睦。至藏廓猶如兄弟敬愛，向來立有和約，更宜設法彼此扶助。應如何再行會商，俟詳細請示後，即當層次辦理。

第十五條　刻無軍械，僅採辦法，未必即見功效，俟練兵籌械備辦時，自應參仿辦法，藉作常規，認眞籌畫。

第十六條　查此事並非僅番邊官員，尚有漢邊官兵、廓、布、拉達克、各蒙古，以及商上各公所應進差徭，如甲、薪、歐三項，並其餘差賦、爐茶、呈進大皇帝貢品等差，供應馬牛人夫三項，宿站鋪墊柴草各項，均歸百姓預備支應，一切甚爲繁多。若能定章，嗣後免其供備之時，雖與百姓生計裨益甚鉅，但日久相沿之事，一旦革除，籌畫甚覺繁瑣，刻下將如何辦理，方資裨益之處，實難上陳。日昨公所替身前往面陳事件，隨奉示諭，馬牛烏拉一事，當由此間傳示爾等，不必爲難，詢屬感佩。俟奉訓諭，再將地方向來情形，陸續稟聞。

第十七條　西藏番刑，昔時迭經各賢王定明。凡殺斃，傷人，偷竊三項，唯視犯事大小以定輕重懲罰。至於殺人，無論何國，其罪最重，雖應抵償，但西藏係屬佛地，凡遇殺人案件，應確查其人存心極惡，情罪重人等，向規即將其人治以死罪。其餘出手殺人兇手，並未定以死罪，將其人重加責懲，飭交命價，俾作善事。此外若有違犯法度重犯，由商上查抄家產，酌定懲罰，並無不分罪過輕重，以微事由商上即行抄家之事，此後必蒙鑑照。所謂管刑裁判，若有書籍，應即譯成藏文，大眾會議，再行稟覆。

第十八條　謹當催飭大眾應如何設所教讀，俟奉訓誨，陸續遵照辦理。

第十九條　凡商人所經，並諸處修治崎嶇各路，不致咸虞盜賊，每年歷與各該營官通行曉諭，並切實札飭嚴禁。是否如此辦理，亦或應如何設立巡警局，俟奉到覆訓，挨次辦理。

第二十條　查上項各處應設銀行，因藏地土宇狹小，每年應進差賦，猶如前槁，悉作恭祝大皇帝及達賴佛爺平安經卷費用，今後亦須循照舊規辦理，誠恐難有餘溢。其庫款大半生息，並無鉅款存貯，委係實情。暫將格外設立銀行，無論如何萬難設措。擬將現鑄銀錢暫行停止，用淨銀鑄造五錢，七錢，五分，一兩重錢模。從前藏錢一元，歷經攙銅五分，今既係淨銀，若能准其藏內加倍行使，酌定章程，出示曉諭，庶始終裨益良深，謹當照辦。

第二十一條　查藏中婦女大半素以種田，烏拉等事倚為生計，不能如別國，並無熟諸工藝者，遂恐難以飭辦，期其將來皆曉工藝。至匹配一節，應遵從前賢王所定十六條事宜，即當再行出示曉諭飭遵。

第二十二條　潔淨洗浴即當遵行。至醫藥，向來商上在當差內派有喇嘛醫生二名，且賈熱札倉，係醫道精曉者，現祇有喇嘛五十餘人，總須便於醫治病人，惟有竭力保護民命。

第二十三條　藏地因係佛國，多有施捨衣食之人，除啞盲老弱童稚外，其餘不肯下苦出力強壯男女極多，以後凡強壯能做工人等，不准施給衣食，即當禁止，其啞盲老弱童稚自必有人施捨衣食。至設立博濟善院，誠恐日久難乎為繼，應如何辦理之處，請示遵行。

第二十四條　查西藏為佛教正宗根本所繫之地，允宜純一崇奉，宣衍真詮，實非敢違示諭，茲將緣由縷晰陳訴，若冀躋升佛域，首宜戒除密格十事，講煉格娃十規，係從登巴傳流，繼由黃教宗喀佛祖一再解釋，無論何經，皆詳述根源。釋教最重要之事，不娶妻室，所有喇嘛娶妻等事，於佛教應用經規二百二十四件必難保守，且現在常加管束，各寺不准稍有越犯。今若飭示聽其意願娶妻，黃教定必衰敗，此事委係萬難辦理，前已槁明，實非有意違背大人示諭，務懇寬恕。乞將黃教諸事，維持振興，藏民獲安，邊防靜謐，一切仍懇照前垂念不遺，妥善籌辦。俟奉覆諭，即將向日情形，不敢不以己事為重，陸續據實申訴。為此，於光緒三十三年二月遞呈出具圖記公槀是實。

（《清代藏事奏牘》頁一三三三，《清代邊疆史料抄稿本彙編》冊二六，頁一六八）

烏堅汪曲倚英更張布魯克巴之政體與清廷之漠視之

　　此部分之內容除標明出處者，其餘均錄自《西藏奏議　川藏奏底合編》之《照抄本大臣聯接各稟咨明張大臣並札飭馬委員吉符前往查明稟覆各稿清冊》。光緒二十九年英寇侵藏，藏軍力戰失敗，清廷竟無隻軍片械衛藏，時布魯克巴第巴烏堅汪曲早於內部大權在握，英寇於烏堅汪曲於戰爭中表現欣喜不已，籠絡日勤，烏堅汪曲遂暗中交通英寇日密，英寇屢鼓動其自立為王，烏堅汪曲知西藏及清廷皆不可恃，遂破布魯克巴三百餘年之傳統，自立為王並世襲之，時駐藏大臣聯豫及查辦藏事大臣張蔭棠陳之清廷，了無下文也。

一、同知馬吉符游擊周炳元稟聯豫英人入布事

敬稟者

　　竊查前駐春丕英員甘波洛〔註1〕於本月二十日，駐紮哲孟雄英員惠德〔註2〕隨議商約英員韋禮敦，英游擊李尼閣〔註3〕於二十二日先後入關駐紮

〔註1〕甘波洛（Campbell），據張蔭棠一奏摺知，甘波洛其官階不過中國之千把總，及在印督座上，侍立傳話，並無座位。及至張蔭棠由印入藏查辦藏事，因張蔭棠拒其不報即訪并令開中門迎之之無理要求，派兵圍張蔭棠居所，禁藏民售賣柴草之舉達六日之久，張蔭棠訴之外部，外部交涉至英駐華公使朱爾典，以具爾道歉了事。

〔註2〕惠德，即約翰・克勞德・懷特（John Claude White）。

〔註3〕李尼閣，即 Major F.W.Rennick，履歷待攷。

春丕驛館，將帶兵二十名往竹巴地方，又聞竹巴終薩琫洛〔註4〕於上年英兵入藏〔註5〕後曾由英人獎給寶星，英字曰色如總兵銜之類，此次英員前往聞為終薩戴用寶星，又聞竹巴巴珠〔註6〕琫洛官寨於十月初六日被焚，同知游擊等既有見聞，自應據實報明，上陳聰聽，肅此，敬請鈞安，伏乞垂鑒，^{同知馬吉符游擊周炳元}謹稟。

二、江孜商務委員江孜營官稟噶布倫英人入布事

小的江孜商務委員並江孜營官等公同具稟

總辦藏事各位噶布倫臺前，昨據江孜小商人赴帕克里探詢，卓木雨撒來藉替換有洋兵多人，熱散軍火口糧成堆集存，尚有絡繹運來之說，娃爾薩海，干寶薩海帶兵取道海納〔註7〕已到布魯克巴地方，終薩作為王不計外，尚有辦事新補薩海，祈即轉稟代辦卸任噶勒丹池巴佛〔註8〕，並轉告僧俗大眾，迅速示覆施行，為此押稟哈達，於十月二十二日具稟。

三、聯豫札飭馬吉符入布調查英人之詭謀

為密札飭遵事

案據商上轉遞江孜營官並商務委員會稟，內稱洋官娃爾薩海，干寶薩海帶兵取道海納已到布魯克巴地方，除終薩為王不計外，尚有辦事新補各薩海，嗣復接據該文武會稟，內稱竹巴終薩琫洛於上年曾由英人獎給寶星，此次英員前往為終薩戴用寶星之事，又探英員甘波洛，惠德，李尼閣已於二十七日赴竹巴各等情，據此本大臣〔註9〕卷查布魯克巴部長於雍正年間已受我朝封號，羈縻弗絕以至於今，故於光緒元二年間披楞屢欲租地修路入藏通商，該部長稟請駐藏大臣委員阻止，亦具見其內附情殷，尚無私通外藩之事，迨於光緒十五年前任駐藏大臣升以該部落向係藏衛藩服，其向化之誠不能不從優

〔註4〕終薩琫洛，即烏堅汪曲。
〔註5〕上年英兵入藏後，指光緒三十年榮赫鵬率軍佔領拉薩。
〔註6〕巴珠，即前文之巴竹，帕卓，即今布魯克巴之城市帕羅。
〔註7〕海納，即布魯克巴哈宗。
〔註8〕代辦卸任噶勒丹池巴佛，指第八十六任噶勒丹池巴羅布藏堅參，光緒三十年達賴出走庫倫時委任之掌辦商上事務，此時已卸任噶勒丹池巴職，僅任掌辦商上事務職，故曰代辦卸任噶勒丹池巴佛。
〔註9〕本大臣，指聯豫。

獎勵，以示鼓舞，用特具奏，懇准天恩，封該部長喇嘛桑結奪吉布坦部長諾們罕名號，世代承襲，其東西兩遴洛則給予札薩克二等台吉名目，並頒給敕書三道，印信三顆，亦各祗領在案，是該部向來抒誠效順，隸我帡幪，自有之主權非他人所得干預，況查布魯克巴即在拉薩之南，相距僅十三站，唇齒之勢已成，豈容外人覬覦，以撤我藩籬，乃據稱該薩海等竟自帶兵入境，即為綜薩戴用寶星之事，其中有無別謀，亟應詳探確實，以便咨部商辦，合亟札飭，為此札仰代理靖西同知馬吉符，遵即密派妥差，親赴該處，嚴密偵探，如有確聞，即行飛稟來藏，以憑核辦，切切勿違，此札。

右札仰代理靖西同知馬吉符，准此。

光緒三十三年十一月　日

四、聯豫札馬吉符入布將地理道路亦調查之

為札委檄諭事

照得本大臣自上年蒞任以來，無時不以百姓富庶，商務興旺為念，其各處地方出產以及天時人事，亟應詳細調查，隨時籌辦，以圖富強之基，查布魯克巴久隸國家版圖，該處部長並東西兩遴洛等悉皆受有朝廷封號頂戴，同是朝廷之赤子，豈容漠視，況聞該地天時暖和，土產饒裕，且為藏南門戶，值此振興庶務之時，凡地土之肥磽，物產之多寡，以及風土人情，山川道里自應派員考查詳確，以資辦理，茲查該員堪以委派，前往布魯克巴詳細考查，以便舉行一切，除檄諭該部長〔註10〕外，合亟札委，為此札仰該糧務遵照交卸後，前往布魯克巴地方會商部長及綜薩遴洛等，詳細調查，並將所歷風土人情以及道路險夷，物產多寡，均須登入日記，纖細靡遺，俟歸藏後，送呈查核，勿稍疎懈，致負委任，並將起程日期稟報查考，勿違，特札。

札考查布魯克巴地方卸任靖西馬同知。

五、聯豫檄諭布魯克巴知悉已派馬吉符入布調查

云云，茲查有卸任靖西同知馬吉符堪以派委前往布魯克巴考查，以便舉辦一切，除札委靖西同知外，合行檄諭，為此諭仰該部長遵照轉飭，俟委員

〔註10〕部長，據《現代不丹》一書載，布魯克巴末任第巴名喬勒・土爾庫・葉希・歐杜布，光緒二十七年至三十一年任職，光緒三十三年烏堅汪曲廢除推舉第巴之傳統而自任第巴且世襲之。

入境，即將地方情形詳細告知，一面派委頭目妥爲照料，將所需夫馬照章支應，此事爲力求百姓富庶，商務振興起見，該部長尤須加意籌維，以裨地方爲要，特此諭知，順問爾部長好。

  檄諭布魯克巴部長

  光緒三十四年正月 日

六、聯豫咨張蔭棠藏人稟布魯克巴外向希酌辦

  爲咨明札飭事

  案據噶勒丹池巴〔註11〕代遞三大寺並僧俗大眾公稟內稱，昨據辦理邊務噶布倫〔註12〕等寄信與噶廈，內稱照抄布官終薩遘洛遞呈署印度總督〔註13〕之信字，當由噶廈等查核，頗爲驚異，查該布魯克巴久歸大皇帝及達賴佛爺所轄，乃不知感激鴻恩，反致倚靠外藩，敘詞恭謹，小的駭詫傷心，今祈洞悉，茲將其原稟照抄呈閱，該英人娃爾薩海帶兵赴布，竟新派終薩爲部王〔註14〕，事畢薩海即已返回，其一切情形大眾皆屬知曉，查布魯克巴之頭目終薩身受大皇帝及達賴佛爺爵秩，向來歸我所屬，存有切實憑據，不意彼於此時竟敢倚靠英人，洵屬違法之至，無論始終安危如何，此時萬難失棄，應請飭禁英人及布官不得遵照英人示諭總管辦理布地事務，若不迅速派委明幹漢員馳往駐紮時，均恐照此效尤，必致大皇帝屬部盡歸外人，殊損朝廷政務，而西藏亦難保守，有違大皇帝聖意，將來不知出何事故，事關緊迫，務望垂念，認眞妥籌辦理，

〔註11〕噶勒丹池巴，似指第三世策默林活佛阿旺甲木巴勒楚稱甲錯，自光緒三十三年至中華民國二年任噶勒丹池巴職。

〔註12〕辦理邊務噶布倫，擦絨旺秋傑波或薩迥才丹旺秋。

〔註13〕署印度總督，烏堅汪曲寄與英印總督之信字爲光緒三十一年四月十九日，故此時之印度總督爲寇松（Curzon），但不知署字作何解。爲一狂熱之殖民分子，任職期間，提出清廷於西藏爲宗主權之謬論，企圖直接交通十三世達賴造成西藏爲一國家之事實，兩次遣人致信十三世達賴甘言以惑之并送珍禽異獸以博其之歡心，十三世達賴拒寇松之信不拆而退之，謀藏之野心不遂而遣軍侵藏，以麥克唐納爲軍事統帥，而以榮赫鵬爲說客，對外宣稱乃一使團而已，極謀置西藏爲其保護國，時英寇爲對抗崛起之德國，故於西藏，波斯及阿富汗與俄寇謀劃協調，電令不佔西藏之土地而成一事實之保護國，寇松置之不聽，榮赫鵬設謀以賠款分期付之而佔亞東，與英國政府屢次齟齬，並與任印度軍隊總司令之伯爵基欽納意見不和，以去職要脅，旋被解職，後任英國之外相。

〔註14〕新派終薩爲部王，指烏堅汪曲廢除布魯克巴推舉第巴之傳統，自任第巴并世襲之。

並照抄原文黏單一紙等情，據此，除札委卸任靖西馬丞吉符前往認真確查稟覆外，相應抄錄黏單咨明，爲此合咨貴大臣請煩查照，就近酌辦，仍冀見覆施行，須至咨者。

　　計抄黏單一紙

　　右咨

　　欽差查辦大臣張〔註15〕

七、聯豫札飭馬吉符入布詳愼從事

　　云云等情

　　據此查布魯克巴一案，前已密札飭委該員於交卸後，就近馳往布地確查情形，稟覆核辦在案，茲復據僧俗大眾具稟並覆呈照抄黏單前來，亟應札飭併案查明稟覆，在行分別奏咨，除咨明張大臣就近酌辦外，合再札飭，爲此札仰該糧員遵照前往，一併查詢明確，至爲切要，此事關係綦重，務須詳愼從事，勿得稍涉疎忽，切切勿違，特札。

　　計抄黏單一紙

　　札卸任靖西同知馬丞

　　光緒三十四年正月　　日

　　以上各件均係本大臣聯咨行

八、照抄黏單

　　照抄終薩逯洛遞寄署理甲噶王信函，刊刻《降奪格熱》新聞紙，布魯克巴終薩總管逯洛烏堅汪曲薩朗〔註16〕治理天下署理甲噶王臺前，我雖未能辦事，今我蒙王矜憫，可以在普天下顯揚，給予頂戴職分，實屬沾恩，今我布地亦獲裨益，惟望作主，至我祗遵國家示諭，當盡心辦理，所有布地應辦事宜，並我應訴苦情，惟有由署理王替身總管娃爾薩海轉呈，祈請鑑照，自今起終薩逯洛准其父子承襲，其布地別官不准爭論，尚望飭示，爲此押信銀葛扎一個，帽一頂，斯青阿噶布莫緞一疋，恰斯邦格一個，於乙巳年〔註17〕四

〔註15〕張，指張蔭棠。

〔註16〕薩朗，待考。

〔註17〕乙巳年，即光緒三十一年，西曆一九〇五年，由此知烏堅汪曲自光緒三十年隨榮赫鵬入藏關說甘丹頗章妥協之後即謀英寇之助而自屬布魯克巴第巴并世襲之。

月十九薩朗具。

　　光緒三十四年正月　　日

九、馬吉符之《入布調查覆文》

　　稟藏憲　光緒三十四年四月　　日

　　敬稟者，竊糧務馳往竹巴日期，曾經稟明在案，三月初八日由靖啓程，越三十里即入布境。謹遵飭查終薩爲王，英派總管，及終薩投誠印督信字三大端，逐處留心訪查，並派妥人分往各處密探。無如該處百姓久不見漢官到此，不無驚疑。糧務結之以恩，厚之以賞，剴切諭明來意，係爲地方，始漸有父老頭目羅敬酒漿，前來問訊者日形親熱。頗稱主國之恩。十一日抵竹巴。十二日巴竹瑲洛率其子移喜奪結來見，語極恭順。惟云刻下一切公事須候終薩示遵，伊不能主，言次意頗感慨。糧務因勢利導，極力宣布朝廷德意，優待部屬爲各國所無，並取譬印度哲孟雄往事，如何揖盜，如何失權，如何亡國。該瑲洛頗爲動聽，惟問及英人去年前來之事，則以他語粉飾之，不敢吐實。糧務仔細籌畫，此項重案，捨巴竹而外恐難探出實情，乃連日與該瑲洛詳密談心，並派人結其左右親信，予以重賞，使之運動。又常傳見其子，衣物惟其所欲即以予之，以示家人父子之親，契洽於無形之外。遲之多日，該瑲洛始漸傾心，詳陳一切。據云從前噶倫鋪一帶本屬竹巴，於四十五年前英人戰勝而租其地，歲爲盧比五萬元，立有字據。光緒二十九年月十三日，部長喇嘛桑結奪吉病故，是時英人入藏之師已到帕克里，英員惠德使竹巴派駐噶倫鋪代表噶箕烏金約終薩往見。我正備兵擬襲英後以爲藏應。事爲烏金所洩，英令終薩講息之，厥後英帶終薩入藏，複調至印度見英太子，交情以此而密，往來信函及饋贈禮物，日久逾繁。終薩畏英人之強，不敢拒絕，是其本意，非敢違背中國私通洋人也，乙巳年三月英員惠德等至竹巴各處遊歷，面見終薩瑲洛，給有抵色阿以拉官銜，聞係友邦欽佩之意，此事我未親見，祗是耳聞。三十二年英使烏金勸導接位部長桑結確歌喇嘛，並各官云，各處皆有王，獨竹巴無王，不足以崇國禮，急須公舉以一事權。眾人不敢違拗，公請終薩爲王，旋接終薩覆函云，竹巴向來祗有部長，未便特開新例，堅辭不允。三十二年春桑結確歌喇嘛辭退部長，烏金又申前議往勸，終薩始允照辦。十一月英員惠德，李尼閣，甘波洛等率兵二三十名爲終薩賀喜，並加終薩以那爾官銜。於是月十三日闔竹巴僧俗官員及寺院百姓等同在補納卡營官寨公立字據，認終薩琫洛烏堅汪曲世襲爲竹巴王，是日英員在場，時我官寨被焚以後，家產蕩盡，無力敢違，曾在該字蓋印，越十日英員出境，此實因竹巴甚小，不敢違抗英人，故從其勸立終薩爲王，並無英員總管之議也。糧務復將終薩投誠印督之信字，譯詢該琫洛，據云名字脗合。物件係竹巴土產，送或有之，年月亦與初給官銜日期不遠，論終薩平日行事未必肯作此函，祗恐噶箕烏金從中愚弄，則非他人所能知。第此事萬難查明，因終薩與洋人書信往來已非一日，終薩果有此事，必密而又密，萬不使外人得知，即詢之終薩，亦未必肯認，故虛實無從查也。糧務查其所言均極詳明，當令其譯寫一張，而又將英人勸立一層，另紙撮錄，駁寫兩次，仍有吞吐之詞，糧務察其情形，是畏終薩，未便窮詰，正擬起程深入，再行查詢，於二十日接竹巴部長終薩琫洛來文云，考查爲前案所無，已經稟覆欽差，力阻糧務前往，並云伊現有病未能見面，現飭伊兄吞布營官前來，會同伊叔巴竹琫洛面陳一切等語。糧務查其用意，一以阻糧務前往，一以巴竹素與其宗旨不合，故使吞布前來查察，恐其泄言。至二十五日吞布行抵竹巴，氣焰薰天，異常驕縱，欲令糧務先往見面，糧務適因途中觸瘴臥病在床，未予深究。遲至二十八日，經巴竹百般開導，吞布始行前來，然貌玩情形，秘密宗旨溢於言表。糧務以奉查事大，仍以親睦之意對待之，次日扶病答拜，同會於巴竹處，剴切開導多時，又得巴竹用語撮合，該營官始具悔機，和平談論。然其言論一切，或是或非，捉摸不定。糧務復又密語巴竹，令其勸解，吞布將結底抄呈，初三日復見吞布於巴竹處，該營官抄閱結底，祗有公舉終薩爲王情節，而於英人一面隻字不提。糧務知其結不足憑，當飭預備烏拉，往見終薩，面詢一切。該營官等面面相覷，不作一詞，遲至初四日，該營官始將僞結底取回，允初五日會同巴竹琫洛抄呈眞實結底，是日糧務前往察核結底，尚與巴竹前語及密探各節情形相同，當令巴竹琫洛，吞布營官於結尾各蓋公事圖記一顆，以資徵信，茲將該結原文一紙，賷呈崇轅，聽候酌奪，並將巴竹琫洛結文節略三紙抄存，吞布營官僞結一紙一併賷呈，俾察眞僞。此糧務確切查明之實在情形也。其餘地方一切亦經查有頭緒，容遵照前次鈞札，赴藏詳細面陳，以紓廑念。糧務於此次發稟後，即由竹巴起程，沿途查察情形，由帕克里折回藏境，所有查明布魯克巴要案，賷呈原文圖記結底，及先後未定四結底，以備查考緣由，理合稟請憲臺俯賜察核施行，再此案關係重大，糧務係照實在情形，詳細稟覆，未敢妄參末議，合併陳明。

又已辭布魯克巴部長桑結確歌喇嘛以喜歐柱現住距竹巴數十里之山嶺廟內掛錫焚修，糧務曾經往見兩次，細詢一切情形，據云充部長時，大權即歸終薩，伊不過備位而已。糧務察其人秉性忠厚，辦事次於開張，似因目擊時艱，且爲終薩所擠，故不安於位，不能不退。惟該喇嘛呈閱伊前輩喇嘛充當部長時，奉有敕書一道，供於香案，備極恭誠。糧務恭閱之下，係滿蒙藏三體文字，當即恭錄藏文一通，又因藏文年月不明，將滿蒙年月文字照描一紙，茲將一併呈閱而備查考。

又巴竹璉洛官寨被焚時朝廷領發之敕書印信賞物及該璉洛財產軍械一律焚完，情形極慘，該璉洛深盼撫恤，並因自己年老，欲爲其子請襲，傾心歸順，諄託糧務轉呈，似宜迎機利導，奏請恩施，以挽主權而固邊圉。是否有當，伏候鈞裁。須至稟者。

計呈原文交圖記結底一紙，先後未定結底四紙，照錄眞結原文。

布魯克巴地方，自昔至今，雖由部長行權，或由札倉喇嘛洛行事，或由公所辦理，現時近處大國契友洋官等，以爲各國皆有王，即哲孟雄地方雖小，亦係世代襲王，而布魯克巴地方比哲孟雄更大，並無布王，而布魯克巴喇嘛洛會議，若舉世襲之王與時事相宜，因連接信函，經我布魯克巴各官商議，彼等諸契友所言，委係我等緊要事件，心想近來或有要事，布地各官以布王懇求終薩璉洛充當，再三祈請，惟終薩古學處不衹公懇，且彼大國復再懇求，是以一時不能不允充布王，即於丁未十一月十三日終薩古學烏堅汪曲登位，承充布王後。將來布王後嗣，亦以烏堅汪曲本身後裔充當，此外布地各官，以及屬民須恪遵歷輩布王示諭當差，倘有拘於腹非或妄訾國政以及起意悖逆，無論何人即由各官驅逐出境，其議已定，各官並眾民出具字據圖記，永遠遵行。上項所具係公舉布王甘結原文，除此實無詭謀等事。具字<small>巴竹璉洛與呑布營官二人齊集</small>處，於漢四月初五日具圖記。

此次布魯克巴自昔至今，雖歷有狄斯，時或由喇嘛所派，遇事不能勝任。自今年起布魯克巴王烏堅汪曲業已登位，今後布地大小官員並屬下百姓等，不特於王烏堅汪曲本身，即後嗣人等皆須信從，於進獻當差，盡力行事，大眾人等唯遵奉示諭，大小官員不得悖意，有失尊敬並言詞違犯情事，是以飭取圖記。<small>此係巴竹璉洛初次抄呈結底。</small>

曲孜古學烏堅汪曲，今披楞娃爾薩海自赴繃納卡，布王日期於新戌申年十一月十三日舉行登位禮，故以此記。<small>此係巴竹逹洛初次抄結內要語，惟丁未誤寫戌申。</small>

此次新戊申十一月十三日披楞〔註18〕娃爾薩海並噶箕烏金以布魯克巴雖派狄斯，或由喇嘛所派，遇事不能勝任，自今年起布魯克巴王烏堅汪曲業已登位，今後布地大小官員並屬下百姓等，不特於王烏堅汪曲本身即後嗣人等皆須敬奉信從，於進獻當差盡力行事，官民大眾唯遵奉示諭，官民大眾不得悖意，有失尊敬，言詞違犯，是以飭取大小圖記，此係巴竹遜洛二次抄呈結底。〔註19〕

此次布魯克巴自昔至今雖由狄斯行權，近來或由寺院札倉洛喇行事，或由橫言有勢之人等所爲，我布魯克巴近因人民暴行，辦理行法各事，一切暫難定準，是以札倉堪洛眾僧並各營官屬民均皆和衷公議，懇求古學烏堅汪曲，經古學允許，即於丁未十一月十三日，我等上項大眾齊集新巴，請古學烏堅汪曲登布魯克巴王位，今後布魯克巴大小官員並屬下百姓等不但於王烏堅汪曲本身，以後仍由王之後裔子嗣承充，此外布魯克巴無論何等大官，不得充當布王。屬下大眾官民，須遵照王烏堅汪曲並後嗣人等示諭行事，倘不遵王諭，起意悖逆，行爲不善之事，無論何人即行懲究，由官民內逐出，爲此蓋用圖記，札倉堪洛並僧眾以及公所營官百姓出具信字，此係吞布營官初次呈閱偽結底。

恭錄敕書譯文

奉天承運皇帝詔曰，旨降喇嘛索木朗堅參，朕以道治天下，撫生靈至爲重大，而極遠地方亦皆仰承朕之德意，共沐昇平，恪遵法度，唯以愛養黎元，用特沛施恩賚，從前洛彥仁青稱勒會結，治理地方，生靈悉樂安泰，是以虔誠敬謹專使呈進方物，用特錫封額爾德尼第巴名號。洛彥仁青稱勒饒病故，賞給阿旺降青額爾德尼第巴，阿旺降青病故，與博陸斯熱茹賞給額爾德尼第巴，博陸斯熱茹患病不能辦理第巴事務，具文辭退後，與瑋洛仲仁青彭錯賞給額爾德尼第巴，仲仁青彭錯病故，賞給桂丹增額爾德尼第巴，桂丹增病故，在於布魯克巴僧人內揀選四朗崙珠賞給額爾德尼第巴，辦理布魯克巴事務。額爾德尼第巴四朗崙珠自接管布魯克巴事務以來，不安本分，苛待所屬之人，任意而行，以致不能辦理第巴事務，伊在班青〔註20〕額爾德尼令其講經習道，由布魯克巴僧俗會議，以講經喇嘛降白攏補放額爾德尼第巴，降白攏病故，遺缺由頭目議以喜吐喇嘛阿旺濟美森格補放額爾德尼第巴，又伊之遺缺，以

〔註18〕原書作鄰，今改正。

〔註19〕此處補一洛字。

〔註20〕班青，即班禪。

密批格朗結補放額爾德尼第巴；又所遺伊之一缺，以札喜朗結果〔註21〕補放。此後又以柱朗〔註22〕結補放額爾德尼第巴，柱朗結病故，與四朗堅參補放額爾德尼第巴，務須愛養屬民，勤求治理，振興佛教，撫綏生靈，以期勿負朕意。欽此。

嘉慶八年十月初七日。（《回族典藏全書》一一九冊，頁三二）

十、張蔭棠咨外部陳明布魯克巴危急情形請先事圖維

咨外部陳明布魯克巴危急情形請先事圖維

為咨呈事，照得光緒三十四年正月廿一日，準達賴喇嘛替身卸任噶勒丹池巴信字，轉送沙拉、布賚繃、噶勒丹三大寺並商上供職僧俗番官及闔藏大眾公所公稟。據稱轉據江孜商務委員暨噶廈稟稱，探聞英國現經派員帶兵前往布魯克巴部落，保護終薩為王，並由英員駐布總管等語。查布魯克巴地在西藏之南，係納茹打巴舊教，與黃教同源。當前藏王宓汪普拉四朗多布結〔註23〕之時，布魯克巴人民自相械鬥，經布魯克巴總管旺帕覺投順西藏，請派兵平亂。一面由班禪額爾德尼及薩迦佛，噶瑪巴佛具文為之和解。事定後，布魯克巴與西藏誓約，凡該部落部長官民均應服屬西藏。每歲孟春，專使赴北京朝賀大皇帝，並遣使來藏聘賀，睦誼相安，多歷年所。後福中堂欲收布魯克巴土地，八輩達賴喇嘛不忍，且念其前經誓約投順，即與屬部一般，仍令該部長自行管理。至光緒甲申年〔註24〕布魯克巴爭訟案件，由藏派委戴琫頓柱多結〔註25〕及策忍班墊〔註26〕前往查辦。該巴竹奔洛自知悔過，呈遞賠罪禮物，並具嗣後守法安分甘結。己酉年〔註27〕終薩奔洛與吞布營官聚黨械鬥，經吞布營官稟控，經漢番會商，奏派後藏糧員劉〔註28〕，噶布倫扎喜達結查辦。復派委員王〔註29〕前往帕克里調齊兩造人證，訊斷發結漢藏合璧斷語憑單，兩相甘願了結。並據各營官頭人寺院百姓等出具遵守切結，內載嗣後終

〔註21〕此處衍一果字。
〔註22〕原書作朝，今改正。
〔註23〕藏王宓汪普拉四朗多布結，即顛羅鼐。
〔註24〕緒甲申年，即光緒十年。
〔註25〕戴琫頓柱多結，待考。
〔註26〕戴琫策忍班墊，待考。
〔註27〕己酉年，當為乙酉年，即光緒十一年。
〔註28〕糧員劉，指劉韓文。
〔註29〕委員王，指王琢章。

薩奔洛接奉漢番上司諭令，各項差使，自當量力供應。是以准令終薩奔洛兼充德森事務部長，賞給三品花翎，應辦一切事務認眞辦理，以期仰體漢番上司之意。現任喇嘛、森瑋、卓尼、巴竹奔洛、汪宗等，准其照舊供職。應補吞布營官，繃〔註30〕營官等，各賞頂戴，沾恩莫忘，勤愼供職。但上項八缺，若有病故及年邁辭職等事，由小的部長及終薩奔洛會商揀選幹員，具文請補，不照前擅自革職補缺，仍每年按期專派洛洽赴藏各等語。漢番衙門均有案。伏思藏布同一教宗，自布投順西藏以來，屢次撫恤，聘使時至。遇有爭訟事件，迭派漢藏官員前往查辦。況該部長以及所屬各員渥荷大皇帝賞給職銜，其爲西藏屬部，即係大皇帝藩屬，確鑿有據。茲英人突然派員前往，任意廢主，並駐員總管該部事務。似此恃強干預，恐將蹈哲孟雄覆轍。查藏布邊境祇隔一山，若布屬他人，則藏防更難愼固，於大皇帝及達賴疆土大有關礙。並聞該布魯克巴人傾心何向，現在尚無定見，其情形萬分急迫。此時若不料理，後患恐至無窮。應如何即於英人交涉之處，或遣漢官前往布魯克巴駐紮，以資保護而圖補救，謹合詞稟懇具奏大皇帝聖聰，恩予作主，於藩屬邊防實有裨益。

又據噶布倫面稟，上年十一月間英人派員前往布魯克巴，廢其部長諾們汗，另立終薩奔洛，並常駐以監督其國政各等情前來。本大臣〔註31〕據此查布魯克巴，即前駐俄胡使維德〔註32〕所譯西藏地圖之布丹，在西藏之南，哲孟雄之東，其天時和煦，地產五穀，藏中糧食賴以接濟，素奉佛教，爲西藏羈縻部落。雍正年間曾歸誠，列在藩屬，至今放棄已久。英人從而生心，多方籠絡。前與布丹租噶倫堡之地闢作商埠，近復干涉其內政，誠恐將來必爲哲孟雄之續。茲據藏眾稟陳前來，酌核辦理。倘能與倫敦政府交涉，仿坎巨提冊立頭目成案〔註33〕，歸中英兩國共同保護，固屬至善。否則亦宜先事圖

〔註30〕繃，即仁繃，即巴竹。
〔註31〕本大臣，即張蔭棠。
〔註32〕駐俄胡使維德，胡維德（一八六三～一九三三年）字馨吾，浙江吳興人。幼就讀於上海廣方言館。以算學中舉人，隨薛福成出洋，任駐英使館翻譯，後升任隨員。徐調俄國，充使俄大臣。回國後任外務部右丞。兼海牙和平會議公斷院公斷員。辛亥革命後，袁世凱復起，胡維德以外務部副大臣署理外務大臣。民元後，歷任外交總長，駐法日西葡公使。曾與巴黎和會，主簽字。回國後任段祺瑞政府外交總長，代國務總理，內務總長，連任海牙和平會議公斷員。
〔註33〕仿坎巨提冊立頭目成案，坎巨提今爲巴基斯坦佔，稱爲 karimabad，坎巨提本清廷之屬部，歲貢沙金一兩五錢，英寇佔領印度後繼續北進之侵略政策，光

維，令駐藏大臣飭商上早將藏布疆界勘劃清楚，以杜後日輇輵。爲此咨呈大部察照，核辦示遵。須至咨呈者。（《清代藏事奏牘》頁一四一二，《清代邊疆史料抄稿本彙編》冊二六，頁四二五）

緒十七年末，英寇佔其地，坎巨提部長賽必德艾里罕逃往新疆求助，被旗官張鴻疇羈留於新疆蒲犁廳（今塔什庫爾干），清廷採新疆巡撫陶模之議，將賽必德艾里罕轉移至省城烏魯木齊。時駐英公使薛福成與英力爭之，英寇慮清廷借沙俄之力以拒己，故同意坎部兩屬，中英兩國共立坎部之長。光緒十八年陶模委派阜康縣知縣田鼎銘，張鴻疇前往坎巨提，與英國，喀什米爾之使節共同冊立賽必德艾里罕之弟買買提艾孜木爲坎部之長。

布魯克巴之年貢

此部分之內容錄自《西藏奏議　川藏奏底合編》之《光緒三十四年分布魯克巴呈遞漢番請安夷稟並擬覆該部長來往各信底照例辦理全卷》。布魯克巴呈達賴文三件，達賴回文二件。布魯克巴呈攝政文二件，攝政回文二件。布魯克巴呈噶布倫文二件，噶布倫回文二件。布魯克巴呈辦事大臣文一件，駐藏辦事大臣回文一件。布魯克巴之年貢西藏為時甚久，一九〇七年烏堅汪曲依恃英寇自立為布魯克巴世襲之王，一九一〇年與英寇簽約同意英寇指導布魯克巴之外交時，依然年年納貢，即使清廷覆滅，直至一九五一年中共統治西藏時期方才停止，即直至一九五一年布魯克巴方才中斷與西藏之傳統關係也。

一、署商上掌辦卸任噶勒丹池巴具信聯豫布魯克巴獻禮事

達賴喇嘛派署商上掌辦卸任噶勒丹池巴具信在欽差總理西藏事務大人聯〔註1〕臺前。竊照布魯克巴部長〔註2〕與達賴佛爺〔註3〕暨我署商上掌辦

〔註1〕聯，指聯豫，字建侯，清廷最後一任駐藏大臣，光緒三十一年授副都統銜，派為駐藏幫辦大臣，翌年接替有泰為駐藏大臣，在藏推行改革新政，使得西藏初浴近代之曙光，然其新政之措施輒以壓制十三世達賴為目的，若徵新兵於三十九族以制藏軍，引十三世達賴之阻撓，聯豫奏請川軍入藏，及至川軍將入藏，十三世達賴疑懼之，幫辦大臣溫宗堯與十三世達賴擬約和平辦理藏事并川軍赴邊佈防，為聯豫拒絕之，改和平辦理四字為持平辦理，并拒絕簽署，溫宗堯單銜印發之，宣統二年鍾穎率川軍至藏，聯豫之衛隊跋扈橫行，槍擊布達拉宮，殺斃僧官，拘捕台吉一名，達賴驚懼而逃往哲孟雄，聯豫奏請清廷褫奪十三世達賴之名號，益失藏人內向之心。亦與鍾穎不和，借鍾穎討波密不力而以羅長裿代之，辛亥革命發，駐藏清軍譁變而不能止，逃往哲蚌寺以避之，鍾穎出而彈壓之，十三世達賴召藏民起而逐駐藏清軍，民國元

年經印度返內地，清朝駐藏大臣制度終結。及至返內地，指鍾穎爲藏亂之因及羅長裿死之元凶，袁世凱殺鍾穎以卸己責。

〔註2〕 布魯克巴部長，指烏堅汪曲（一八六一～一九二六年），即《現代不丹》一書所載之烏顏・旺楚克，其之家族與六世達賴倉洋嘉措爲同一家族，其父先爲終薩奔洛，及至任布魯克巴第巴，稱爲黑面部長，漸握布魯克巴之大權，其父死，烏堅汪曲任終薩之奔洛，其兄任巴竹之奔洛，光緒十一年布魯克巴內亂，兄弟二人圍困部長，駐藏大臣色楞額派兵平定之，其兄自殺，布魯克巴內亂平，烏堅汪曲被賞三品頂戴並戴花翎。光緒十四年英印侵哲孟雄，布魯克巴派兵千七百助西藏，爲升泰遣歸，升泰鑒哲孟雄之覆轍，奏請清廷敕封布魯克巴部長桑結奪吉布坦部長諾門罕名號，烏堅汪曲辦理布魯克巴事務東路奔洛正札薩克名號，并頒發敕書印信，烏堅汪曲觀清廷及西藏顢頇無能，漸昵英人，光緒二十九年英印侵藏，布魯克巴已不助兵西藏，烏堅汪曲且隨榮赫鵬入藏關說西藏以妥協之，爲英寇喜，光緒三十一年親赴加爾各答拜見英皇儲愛德華七世（Edward VII），光緒三十三年倚英寇廢布魯克巴推選第巴之傳統，自立爲布魯克巴部長并世襲之，即今所稱布魯克巴第一任國王者，一九〇七至一九二六年在位，然布魯克巴與清廷及西藏之關係並未改變，其於達賴及駐藏大臣亦自稱爲部長并遵循雍正年歸附清廷時盟誓之儀節，每年遣使請安於達賴與駐藏大臣，終清廷滅亡而不渝，直至中共統治西藏之一九五一年而止。然其與英印之關係迥變，於藏曆第十五饒迥土難年，清宣統元年十一月二十七日，即西曆一九一〇年一月八日與英印簽條約約布魯克巴之外交受英印之指導，英印之寇變指導爲控制而干涉布魯克巴之外交內政。

〔註3〕 達賴佛爺，指十三世達賴喇嘛土登嘉措（一八七六～一九三三年），光緒四年經西藏僧俗大眾奏請，清德宗御批免於簽掣而定爲十二世達賴之轉世靈童，光緒十九年十三世達賴巳及十八歲本應親政，然斯時藏人拒認光緒十四年英印侵哲孟雄之時升泰所簽之條約，拒重劃哲孟雄與西藏之界而割哲孟雄於英印，清廷命第八世第穆胡圖克圖阿旺洛桑稱勒拉普結繼掌西藏之政權以便劃界，然終無果，光緒二十一年十三世達賴巳二十歲始行掌甘丹頗章之政權，及其親政，拒英印之侵藏更堅，斯時殖民分子寇松任印度總督，避駐藏大臣欲交通十三世達賴，兩次遣人致信十三世達賴甘言以惑之並送珍禽異獸以博其之歡心，十三世達賴拒寇松之信不拆而退之。十三世達賴親政以來頗欲振興藏事，欲遣官入京面陳藏事之艱而爲駐藏大臣奎煥阻止，繼而託第八世哲布尊丹巴上奏清廷言藏事之艱險並請直接上奏清帝之權而清廷弗允，并請撥餉助械以拒英寇而清廷以劃藏哲之界相要挾，十三世達賴鑒清廷之無能轉而昵俄，遣俄佔之布里亞特蒙古喇嘛德爾智交通俄國以拒英，英寇益忌之，光緒二十九年英寇借俄寇於日俄戰爭之敗北無暇顧及遣榮赫鵬遠征拉薩，十三世達賴出走庫倫，繼而入京朝觀慈禧與清德宗，返藏後與駐藏大臣聯豫與及第九世班禪不相能，及至川軍入藏，聯豫之衛隊跋扈橫行，十三世達賴驚懼而逃往哲孟雄，英印遣殖民分子貝爾接待之，漸昵英人，辛亥革命發，召藏民起而逐清軍，返藏，民國時期先借英印之力以拒國民政府及民國政府，西姆拉會議後漸覺英印謀藏之野心而斥革謀政變之親英分子，關閉江孜英人所設之學校，留學英國返藏之貴族亦不獲重用。十三世達賴頗擅政

〔註4〕以及各噶布倫循例將光緒三十一年乙巳，三十二年丙午，三十三年丁未等年專差洛治並夏季番商來藏遞呈上項各年分稟信禮物清單前來，今將原稟信計二十一件並由此間擬寄覆信底六件另爲遞呈，祈請查閱，再上項專差返回所需往回馬牌可否循例發給，懇請迅速示覆施行，爲此具信字。

　　光緒三十四年三月　日。

二、聯豫譯覆噶勒丹池巴擬覆布魯克巴信字合宜予發

　　爲譯覆事。案據該代理商上事務噶勒丹池巴〔註5〕稟稱，布魯克巴巴竹〔註6〕奔洛〔註7〕呈遞達賴喇嘛請安夷稟並擬覆該奔洛信字底稿一並呈閱，可否照繕發給等情前來，本大臣核閱回覆各信底尚屬合宜，應即照繕發給，至專差返回馬牌並著照例辦理，相應黏用漢番合璧譯覆該噶勒丹池巴，即便遵照，須至譯覆者。

　　　譯行噶勒丹池巴
　　　光緒三十四年三月　日

三、布魯克巴部長請安十三世達賴稟

　　小的布魯克巴部長叩稟達賴佛爺寶座前，恭維佛躬康泰，廣衍黃法，眾生均獲清平，實深欣慰，此間仰賴佛庇，賤軀如常，應辦部落中事務莫不盡心竭力，敬稟者乙巳，丙午，丁未年應送禮物前專派夏季番商赴藏呈遞，祈請賞收，並望照章賞給馬牌施行，嗣後仍望珍重佛恭，常賜好音，爲此押信三色禮，米各三包等項自布魯克巴簪墊幔曲〔註8〕地方吉日具。

　　光緒三十四年三月　日。

　　治，清廷官員語其言語深沈，心術難測，親政之初即殺前掌辦商上事務第穆胡圖克圖阿旺洛桑稱勒拉普結，避重蹈前四世達賴少年突然圓寂之悲劇。然其德行高潔，嚴守教規，第一次出走期間與第八世哲布尊丹巴及第六世阿嘉呼圖克圖皆不睦。

〔註4〕署商上掌辦，指第八十六任噶勒丹池巴羅布藏堅參，光緒二十七年至光緒三十三年任職，光緒三十年達賴出走庫倫時委任之掌辦商上事務，駐藏大臣有泰奏請清廷賞其諾們罕名號。

〔註5〕代理商上事務噶勒丹池巴，即掌辦商上事務之噶勒丹池巴喇嘛羅布藏堅參。

〔註6〕巴竹，即前文之巴卓，林親布木城，今布魯克巴之城市帕羅。

〔註7〕奔洛，即宗本。

〔註8〕簪墊幔曲，似即扎喜曲宗。

四、布魯克巴部長請安十三世達賴稟

小的布魯克巴部長具稟達賴佛爺寶座前，竊維佛躬起居清泰，超度群生，實深欣感莫名，此間賤體照常，應辦一切部務從妥經理，敬稟者照例應遞乙巳，丙午，丁未年分禮物，專差洛治赴藏呈送，懇請照書賞收爲荷，嗣後祈即珍重，常賜示諭，爲此押稟哈達自布魯克巴扎喜曲〔註9〕地方吉日具。

光緒三十四年三月　日。

五、布魯克巴部長請安十三世達賴稟

小的布魯克巴部長叩稟達賴佛爺寶座前，恭請慈躬安泰，廣衍佛門，教務生靈均得相安，實深感佩之至，前照例呈遞乙巳，丙午，丁未年禮，尼片，白藏綢，各色布疋，犀角，象牙因難採購，今折茜草米包等項，祈請賞收，以後還望珍重，常賞佳音，爲此押稟哈達，吉日具。

光緒三十四年三月　日。

六、噶勒丹池巴代十三世達賴擬覆信布魯克巴信底稿

照抄布魯克巴部長呈遞乙巳丙午丁未年分專差洛治娃來藏與達賴佛爺遞到稟禮，今擬覆信底稿。字問鎮撫南疆部長，今日起居安泰，撫育屬民諒獲清平，前將乙巳，丙午，丁未三年分專差洛治娃來藏，照例遞呈稟禮物件，實深欣慰，此間我亦認眞念經梵修，恭祝大皇帝萬福萬壽，並冀眾生得獲清平，嗣後還須保重，常寄好音，爲此押信哈達三方，蟒緞三疋，奪吉緞六疋，五色片金緞各三疋，五色貢緞九疋，各色大哈達三方，小哈達三百方，茶三十包，馬三匹。吉日寄。

光緒三十四年三月　日。

七、噶勒丹池巴代十三世達賴擬覆信布魯克巴信底稿

照抄布魯克巴部長呈遞乙巳丙午丁未年分專差夏季番商來藏與達賴佛爺遞到稟禮今擬覆信底稿。字問鎮撫南疆部長起居綏燕，辦理部務諒必順暢，前將乙巳，丙午，丁未年分夏季番商來藏照例遞呈稟禮物件，欣慰，此間我

〔註9〕扎喜曲，即扎喜曲宗，位於今布魯克巴之首府延布，清時期爲布魯克巴部長之居所。

亦認眞念經梵修，恭祝大皇帝萬福萬壽，並冀眾生得獲清平，嗣後還須保重，常寄信音，爲此押信哈達片金緞三疋，吉日寄。

　　光緒三十四年三月　　日。

八、布魯克巴部長致掌辦商上佛爺信

　　小的布魯克巴部長具信字在掌辦西藏教政佛爺，起居安泰，撫綏藏衛教政自必順暢，前啓者此間將乙巳，丙午，丁未三年分循例專派洛治赴藏遞送年禮，祈即賞收，嗣後尚望珍重，常賜示諭，爲此押稟哈達，米包，自布魯克巴簪墊幔拉〔註10〕地方稟。

　　光緒三十四年三月　　日。

九、布魯克巴部長致掌辦商上佛爺信

　　小的布魯克巴部長具信字在掌辦西藏教政佛爺，起居安泰，撫綏藏衛教政自必順暢，茲啓者此間將乙巳，丙午，丁未三年分循例專差夏季番商赴藏送禮，祈即賞收，該差返回尚祈給予馬牌爲荷，嗣後尚望珍重，常賜示諭，爲此押稟哈達，米包，自布魯克巴簪墊幔拉地方稟。

　　光緒三十四年三月　　日。

十、掌辦商上佛爺擬覆信底稿

　　照抄布魯克巴部長與掌辦商上佛爺遞呈年禮，擬覆信底，字問鎮撫南疆部長閣下，今日平安，撫綏全部自必順暢，前將乙巳，丙午，丁未三年分專差洛治來藏遞送禮物，謝謝，此間敬謹辦理大皇帝及達賴佛爺政務，尚稱清吉，此後仍須珍重，常通信音，爲此押信哈達三方，蟒緞三疋，片金緞三疋，茶六包，吉日寄。

　　光緒三十四年三月　　日

十一、掌辦商上佛爺擬覆信底稿

　　照抄布魯克巴部長與掌辦商上佛爺遞呈年禮，擬覆信底，字問鎮撫南疆部長閣下，今日平安，撫綏全部自必順暢，前將乙巳，丙午，丁未三年分專

〔註10〕簪墊幔拉，似即扎喜曲宗。

差夏季番商來藏遞呈禮物，謝謝，此間敬謹辦理大皇帝及達賴佛爺政務，尚稱清吉，此後仍須珍重，常通信音，爲此押信哈達三方，片金緞三疋，吉日寄。

　　光緒三十四年三月　　日

十二、布魯克巴部長問候西藏噶布倫信

　　布魯克巴部長字候西藏各位噶布倫閣下，竊維提躬延釐，政務順暢爲頌，此間仰賴福祐，身軀平健，辦理一切敬謹從事，啓者前將乙巳，丙午，丁未三年分照例專派夏季番商赴藏呈送，至於所需馬牌並一切行止，祈請照料，嗣後還須珍重，常寄信函，爲此押信四色禮米各一包，吉日具。

　　光緒三十四年三月　　日

十三、布魯克巴部長問候西藏噶布倫信

　　布魯克巴部長字候西藏各位噶布倫閣下，近稔福祉日興，政務凝祥，實勝欣慰，此間託賴福祐，身體尚好，認眞辦理部務，啓者茲將乙巳，丙午，丁未三年分年禮尼片，米專派洛洽娃前赴訖，至祈查收，嗣後仍望珍重，常寄好音，爲此自布魯克巴扎喜曲地方具。

　　光緒三十四年三月　　日

十四、噶廈擬覆布魯克巴部長信底稿

　　照抄布魯克巴部長專差夏季番商來藏與噶廈〔註11〕寄到信函今擬覆信底稿。字候鎮撫南疆部長閣下，今日起居安泰，辦理部務均臻妥協，前專差夏季番商到藏呈送乙巳，丙午，丁未三年分信禮，尼片，各衣料，米包均經收受，實勝欣喜，此間仰蒙大皇帝及達賴佛爺鴻恩，賤軀如常，應辦政務敬謹從事，以後仍希珍重，善理部務，常寄好音，爲此押信哈達蟒緞七方，茶三包，吉日具。

　　光緒三十四年三月　　日

十五、噶廈擬覆布魯克巴部長信底稿

　　照抄布魯克巴部長專差洛洽娃來藏與噶廈寄到信函今擬覆信底稿，字候

〔註11〕噶廈，西藏噶倫辦事之所曰噶廈，設於大昭寺。

鎮撫南疆部長閣下，恭維仁躬時泰，應辦部務均臻妥善，前將專差洛洽來藏呈送乙巳，丙午，丁未三年分信禮，尼片，衣料，米各八包等項均已領受，實深欣慰，我等仰賴大皇帝暨達賴佛爺鴻福，身體康健，辦理政務盡心竭力，嗣後還望珍重，善理部務，常賜信音，為此押信哈達茶三包，吉日具。

　　光緒三十四年三月　日

十六、布魯克巴部長獻禮駐藏大臣稟

　　小的布魯克巴部長具稟欽差總理西藏事務大人臺前。竊維憲臺大人福履綏和，政務平寧為慰以頌，此間小的身體康健，地方平靜，茲值慶賀新春之期，專差洛洽赴藏循例遞呈禮物，伏乞賞收，嗣後尚望珍重，時賜示諭，為此押稟哈達自布魯克巴簪墊幔拉寨子具稟。

　　光緒三十四年正月　日

十七、駐藏大臣檄諭布魯克巴部長文

　　檄諭布魯克巴部長知悉，前閱爾部長來稟，呈送本大臣年例禮物，以表敬誠，念其遠道送來，業已收受，今回賞爾部長大緞二疋，哈達二方，爾即查收，惟該部長務宜愛惜百姓，和睦鄰封，是為至要。特此諭知，順問爾部長好。

　　檄諭布魯克巴部長

　　光緒三十四年正月　日

　　以上該布魯克巴部長自雍正年間起至於現今，該部長專差洛洽遞送漢番年禮，例經照例辦理各在案，合併聲明。

十三世達賴出逃印度布魯克巴之反應與趙爾巽棄布之謬論

光緒二十九年英寇侵藏，十三世達賴外逃庫倫，後入京朝覲清德宗與慈禧太后，清廷議十三世達賴在內地之際整理藏政，時駐藏大臣聯豫繼張蔭棠推行新政，然聯豫之新政，謀固藏臣之權以制藏人也，若練兵，設警事，亟欲除藏人所練之軍警，代之以藏臣所練之軍警，所募之兵亦爲達木八旗與三十九族，非達賴治下之藏人也，聯豫之新政，摒除藏人之參預及奪達賴之權，激動十三世達賴之牴觸，聯豫屢與十三世達賴齟齬，聯豫奏請清廷遣新軍入藏以資震懾，鍾穎所率新軍入藏，達賴遣藏軍處處阻擋被擊，及至新軍入藏，聯豫之衛隊跋扈橫行，槍擊布達拉宮，毆打綑綁藏官，十三世達賴驚懼出逃印度，布魯克巴崇信達賴篤，屢揚言起兵助達賴擾藏，清廷商之川督趙爾巽，趙爾巽懼英寇干涉，遂有棄布之謬論。

一、致外部藏內安靜擬派羅長裿赴印勸達賴回藏電（宣統二年七月初二日）

二十二日電悉，英使〔註 1〕照稱，駐藏英兵恐有被攻之虞一節，查藏地遐邇安謐，江，亞兩埠經豫〔註 2〕保護，極爲周妥，印貨運銷極形暢旺，自

〔註 1〕英使，應爲麻穆勒（M.W.G.Max Müller），時英國駐華公使爲朱爾典（John Newell Jordan，一八五二～一九二五年），朱爾典於宣統二年二月二日至十月二十七日間歸國，由麻穆勒署理。

〔註 2〕豫，指聯豫。

達賴〔註3〕逃後，豫禁止捆商，百貨益見流通，英國官商出入平安，眾所共見，英人身命財產，絲毫無損，何必別生疑慮。又稱藏地困難情形，係達賴逃走所致一節，查達賴自光緒三十年逃出〔註4〕，藏中照常安靜，至去年回藏不過月餘，無端弄兵，幾釀大亂，及達賴去後，藏地復安，英使所言正與事實相反。又稱駐藏大臣有欠和平一節，豫在藏數年，宣布朝廷德意，撫綏僧俗，對於外交，確守條約，力敦睦誼，似無不和平處。又稱藏南人民仇視英人一節，查藏南一帶，番情馴良，向不滋事，惟鄰近之布魯克巴聞被革員邊覺奪吉〔註5〕等多方煽惑，有調兵擾藏之信，如果屬實來犯，中國自必派兵彈壓，斷不使有仇英之舉，至印藏邊界少派軍隊一節，查陸軍袛有此數，腹地尚不敷分佈，邊境未添一兵，以上各節，應請照覆麻使〔註6〕，逐條剖辯，商令速即撤退那蕩〔註7〕之兵為要。新選達賴〔註8〕屢催訪覓，尚未得人，番民迷信轉世之說，若急切從事，轉恐大眾不服，後難轉圜。惟已革達賴逗留印境，豫苦思未得善策，前月由商上派堪布四人往迎，至今查無消息。現在英使既為說項，豫擬特派大員赴印謁見印督〔註9〕，告以藏中情形，面

〔註3〕 達賴，指十三世達賴。

〔註4〕 此處指十三世達賴第一次出逃。十三世達賴有兩次出逃，首次即光緒三十年英印侵略軍在榮赫鵬之率領下佔領拉薩，十三世達賴出逃庫倫，繼至北京朝觀慈禧與清德宗，宣統元年返拉薩。第二次出逃為宣統二年，鍾穎牽川軍入藏，達賴疑懼被囚，出逃印度，民國二年返藏。

〔註5〕 被革員邊覺奪吉，《西藏的貴族和政府 一七二八～一九五九》一書作夏扎‧班覺多吉（一八六〇～一九一九年），清末西藏著名之貴族，本為顧本香喀巴之子，後入贅夏扎家族而成為夏扎家族之主，原為大昭寺商卓特巴，光緒十八年噶倫伊喜羅布汪曲去世後暫署噶倫。後前往大吉嶺參加中英貿易協定之談判。光緒十九年返回拉薩後正式出任噶倫。時英寇侵藏日亟，而其與英人過往過密，招致堅決抗英之十三世達賴惡，光緒二十九年九月間十三世達賴將包括其在內之四噶布倫全行斥革並囚於羅布嶺岡，并譯行駐藏大臣奏請清帝另補放之。及至光緒三十年榮赫鵬佔領拉薩，十三世達賴出逃庫倫後頗為十三世達賴重用之，光緒三十四年十三世達賴命同時被革之四噶布倫中之三位（四位中一位投河自盡，故袛餘三位也）為倫欽（因噶布倫之缺清帝已重新補放也），位噶布倫之上。宣統二年隨十三世達賴逃往印度，民國元年返拉薩，民國二年為參加西姆拉會議之西藏代表團團長，一九一四年返回拉薩，一九一九年逝世。

〔註6〕 麻使，即麻穆勒。

〔註7〕 印督，以時間推算之，為印度第三十七任總督彭斯赫斯特的哈丁勳爵（The Lord Hardinge of Penshurst），任職時間為一九一〇年至一九一六年。

〔註8〕 那蕩，即那塘，今在哲孟雄境內，過則里拉即為那塘谷。

〔註9〕 新選達賴，指十三世達賴二次出逃後，清廷革其名號，命聯豫尋訪新達賴，

商辦法，勸回已革達賴，即伊不回內地，可在藏中撥與寺廟居住，給以日用，決不使人加害，惟仍須防範，恐其變計投俄。但彼若格外要求，以請復權位爲詞，故意遷延，則須得英官助力，督令離嶺〔註10〕，鄙見如此，如尊意亦以爲然，查有道員羅長裿〔註11〕熟悉外交，堪以派往，應請鈞部照會英使，先行電知印督承認該道爲赴印商辦事件之委員，照章接待，並遇事優爲協助，倘英使照允，再令該員起程，其倫敦李大臣處，應否電告，統候鈞裁。（《清代藏事奏牘》頁一五五六，《清季外交史料》宣統朝卷十六，頁三）

二、外部覆聯豫羅道赴印可照辦並請開導布丹電（宣統二年七月初六日）

西密。所籌各節均可照辦，現即酌照英使，並將羅道赴印一節，商電印督接待，得覆即達，至布魯克巴即布丹，雖亦中屬，近年頗爲英所勾結，聯爲一氣，二月路透電，並有內政外交聽英指揮之說，若果受惑稱兵，我亦以兵應之，恐英人又藉此進兵干預，則藏事殆不可問。總宜設法開導，或另籌防範，不使滋生事端，方可消弭隱患。所有已革達賴私物如金銀物件等類，查有被關扣留者，應即查照前電，全數給還，以免疑慮，希核辦電覆。（《清代藏事奏牘》頁一五五七，《清季外交史料》宣統朝卷十六，頁四）

三、外部致趙爾巽〔註12〕藏事關係邊境安危希與聯豫會商愼籌電（宣統二年七月十一日）

西密，初九日電已代奏，前準聯大臣六月艷電，聞已革達賴之黨邊覺奪

聯豫奏藏民信轉世之說，必不可行，故新選達賴之說無果。

〔註10〕 嶺，指大吉嶺，十三世達賴二次出逃，先至哲孟雄之大吉嶺落腳。

〔註11〕 羅長裿（一八六五～一九一一年），字退齋，號申田，湖南湘鄉人。光緒二十一年進士，改庶起士，授編修。捐升道員，發江蘇任職，又改四川。時趙爾丰督川邊軍事，羅長裿參與其幕府，不爲趙喜，入藏。宣統二年，聯豫奏簡駐藏左參贊，鍾穎率軍討波密土王不利，羅長裿代之，辛亥革命起，駐藏川軍譁變，羅長裿死於難。宣統二年赴赴哲孟雄勸十三世達賴返藏未果。

〔註12〕 趙爾巽（一八四四～一九二七年），字次珊，號無補，清末漢軍正藍旗人，同治十三年中今進士，光緒三十一年，駐藏幫辦大臣鳳全被藏民殺死於巴塘，其弟趙爾丰武力於川邊改土歸流，光緒三十三年趙爾巽奉調入川任四川總督以協濟其弟改土歸流。辛亥革命後，任清史館館長，《清史稿》之主修者。

吉有煽惑布魯克巴帶兵犯藏之說，布本為我屬，如敢稱兵，相機堵剿，本部當密覆以英布近年勾結情形，並謂布藏如果相見以兵，即恐英人藉此進兵干預，藏事益亟，總宜設法開導，另籌防範，今聯大臣初四日電布之犯藏，係據探報，究竟曾否稱兵，及如何藉口，既經尊處電詢，一有確實消息，務即迅速電聞，至藏中現派羅道長褚赴印將已革達賴勸回，本部已照英使電印督接待，優為協助，又派兵一營為保護商埠之用，亦擬酌告英使，俾免誤會，均俟得覆再達，事關邊境安危，操縱稍有失宜，深恐別生枝節，仍希轉電聯大臣會商辦法，慎籌因應，隨時詳切電部為要，外務部。七月十一日《西藏檔》。(《清季外交史料》宣統朝卷十六，頁八)

四、川督趙爾巽致樞垣外部請勿令達賴回藏布如犯藏宜嚴兵以待電

西。十一日電敬悉。聯大臣派羅道赴印勸回已革達賴一事，不識有無眉目，惟查英使前稱達賴未必肯回內地，即令回藏，若無特別妥善辦法，亦恐不能自安，及派兵預防，我國相待達賴情形，或有他故，致生變亂，立即入藏各節，是英使頗有干涉達賴回藏相待條款之意，此次聯大臣遣員往勸，係用如何辦法，未准見示，若因遣員而受英國干涉，將使前功盡棄，請大部電聯大臣飭羅道妥慎辦理，總之，事前既致達賴脫逃，事後即不必亟令回藏，況經奉旨斥革，驟爾勸回，彼必以復權復位相求，英或從而助之，我將何詞以對，允之則損威失體，不允又棄好生隙，英人責我益為有詞，不獨數年謀藏心力，耗費兵餉盡付東流，并恐藏地主權愈招損失，至布兵如果犯藏，宜一面嚴兵以待，一面善為勸諭，不可聽客所為，此與英國開釁究屬有別，英如認為彼屬，尤當暴之於天下，使負其責，國家在於世界，不競爭不能存立，外人得寸思尺，恐必不受開導，事關大局安危，應請鈞處大部奏請朝廷主持，是否，祈覆。巽。宣統二年七月十三日《西藏檔》。(《清季外交史料》宣統朝卷十六，頁九)

五、外部覆趙爾巽布如稱兵英既不干預我亦不必揭明且英尚未認為彼屬電

閣。密。十一日電計達，頃准真電，具仰藎籌，惟布雖曾受先朝敕封，

究僅屬西藏羈縻地，近且有與英訂條約〔註 13〕，受補助情事，今昔情形迥乎不同，此次稱兵，英既不明行干預，我亦不必揭明，尊處如登布各報紙，稱藏地現極安靖，商埠保護周密，外人命產均獲安全，如有藏南部落人民被人煽惑，擾亂邊界治安，中國不擔其責，至英人舉動令人生疑一節，暫勿宣露，布為彼屬英使尚未道及，添兵一節，亦頗周折，統俟接藏中確電，籌定再達。外務部。元。宣統二年七月十三日《西藏檔》。（《清季外交史料》宣統朝卷十六，頁一○）

六、外部致趙爾巽如布兵犯藏宜善為勸諭不必用兵窮荒電

西。密。元電計達。十二日電悉。羅道現由聯大臣派赴江，並兩埠查看情形，赴印一節，英使尚未接政府覆電，應俟覆到方能電飭前往，派兵彈壓商埠一節，已酌告英館參贊，兼詢藏邊消息，彼稱並無報告，亦不以派兵為然，現布兵果否犯藏，未準藏中續電，如探報不確，前項兵隊究以緩派為宜，此次英增那塘駐軍，衹言藏南恐有不靖，非為達賴，且屢聲明決不干預幫助，來電恐其干涉條款，在我似尚有辭以謝，該達賴謀為詭譎，未必即肯回藏，聯大臣亟思勸回，亦深以求復權位為慮，惟聽其久留印境，勾結外援，動生邊釁，實足為患，該大臣此舉不為無見，布英情形前已略及，如布兵真行犯藏，總宜善為勸諭，目前局都勢外患環生，幾於應接不暇，安能用兵窮邊，牽動大局，至布認誰屬一節，如果情狀發露，再行酌辦，此時亦難遽行宣布，英俄於藏本有舊約〔註 14〕，近且有改訂條款之謠，借俄抵英，似亦與現狀不同，我處孤危，衹有內圖整頓，外籌應付，萬不敢稍涉操切，希與聯大臣妥酌慎籌為要，並轉聯，趙兩大臣。外務部。宣統二年七月十五日《西藏檔》。（《清季外交史料》宣統朝卷十六，頁一三）

〔註 13〕 條約，指布魯克巴與英國於藏曆第十五饒迥土雞年，清宣統元年十一月二十七日，西曆一九一○年一月八日所簽訂之條約，條約見附錄。

〔註 14〕 英俄於藏本有舊約，指光緒三十三年英俄二寇達成之瓜分西藏，阿富汗及波斯之協議，英俄二寇本於西藏爭競，然迫於德國之崛起，二寇乃聯手瓜分此三地而謀對德之一致，條約之漢文本載於《光緒朝外交史料》卷二百五，見附錄四。

七、軍機處外部致趙爾巽並轉聯豫趙爾丰〔註15〕英使云達賴宜令回藏希熟查情勢會商辦理電

　　二十九日以前諸電並聯大臣密函均悉，英人停運進藏軍糧路透電亦有此說，布人近無舉動，或係虛聲探試，英使面稱達賴居印甚不合宜，最好令其回藏自居一廟，專管教務，不理政事。因奉黃教之人決不承認新選達賴，且決無選定之日，如令達賴來京，英國亦表同情，云云。綜觀以上情形，英人並非堅助達賴，但慮其在印煽亂，此時我自以安置達賴為第一要著，朝廷於己革逢賴固不能復其名位，而彼苟來歸，自可加以優待，希飭羅道即本此意設法勸諭，如能令由海道來京最為妥善，否則即令回藏，優予安置，密為防閑，總期永遠相安，俾免藉口，至近日條陳藏事者，謂須分別表裏，善為操縱，在內之計畫當兼程並進，在外之形跡當鎮靜和平，揆諸近狀所論不無見地，蓋在我無隙可乘，外患方能消滅，來電謂英兵進藏，以禮接待，布又稱兵，預籌防護，固屬應變之方，然若果到此地步，無論以禮以兵均難收拾，現在除事前消弭兵端，別無善策，來電擬撥兵進紮拉江〔註16〕一節，係為預防後路並備不虞起見，但究係添兵進紮藏界，現外人既無動靜，如我忽有此舉，或恐啓其猜疑，惟邊藏自應聯絡一氣，仍希熟察情勢，出以審慎，一切統賴藎籌，會商辦理，隨時電覆為要。樞。外務部。宣統二年八月初二日《西藏檔》。(《清季外交史料》宣統朝卷十六，頁三四)

〔註15〕趙爾丰（一八四五～一九一一年），字季和，清漢軍正藍旗人，趙爾丰共兄弟四人，趙爾丰為第三，次兄即趙爾巽。光緒三十一年，駐藏幫辦大臣鳳全於巴塘被藏民殺死，趙爾丰奉命平亂，繼爾武力改土歸流，反抗之喇嘛亦為鎮壓，其屬下之程鳳祥並有烹煮藏俘之事，十三世達賴屢上奏清廷訴其之暴虐，光緒三十四年清廷命其為駐藏大臣，藏人力拒其入藏，清廷不得以撤其駐藏大臣職專任川邊改土歸流。宣統三年出任四川總督，保路運動起，趙爾丰仍行其鎮壓之高壓手段，民變紛起，辛亥革命發，趙爾丰為暴亂之清軍捕獲，旋即被殺，辛亥革命後因其之鎮壓保路運動，故被革命黨厚眥之。

〔註16〕拉江，指拉薩，江孜一帶。

英誘布魯克巴立約與清廷拒承認之

　　藏曆第十五饒迥土雞年，清宣統元年十一月二十七日，西曆一九一〇年一月八日英寇誘烏堅汪曲與之訂約，約布魯克巴同意對外關係接受英國之指導，此條約藏臣早有耳聞，且陳之清廷，清廷漠然處置，毫無對策。英寇遂得寸進尺，步步緊逼，變指導爲控制，宣統二年八月十三日，西曆一九一〇年九月六日照會靖西商務委員謂布魯克巴歸其管理，清廷指示駐藏大臣聯豫駁斥之，英寇駐華大使麻穆勒遂於宣統二年九月十五日，西曆一九一〇年十月十七日照會清外務部於藏臣給予布魯克巴之飭令提出抗議，明言嗣後與布魯克巴之交通由英寇負責之，並將《普納卡條約》鈔示清廷，清外務部拒絕之，重申廓爾喀、布魯克巴爲清之屬部，非條約所割與英寇之哲孟雄可比。姑且不論此約不爲清廷之承認，即約文之義乃爲布魯克巴之外交受英寇之指導，而英寇於清廷之交涉則謂布之外交由其負責之，此亦可見近代以來諸寇侵略別國之詭譎百端也。清英於布魯克巴之交涉可見《清代西藏豫布魯克巴》一書。

一、外部覆聯豫羅道赴印可照辦並請開導布丹電（宣統二年七月初六日）

　　西密。所籌各節均可照辦，現即酌照英使，並將羅道〔註1〕赴印一節，商電印督接待，得覆即達，至布魯克巴即布丹，雖亦中屬，近年頗爲英所勾結，聯爲一氣，二月路透電，並有內政外交聽英指揮之說，若果受惑稱兵，我亦以兵應之，恐英人又藉此進兵干預，則藏事殆不可問。總宜設法開導，或另

────────────

〔註1〕羅道，指羅長裿。

籌防範，不使滋生事端，方可消弭隱患。所有已革達賴私物如金銀物件等類，查有被關扣留者，應即查照前電，全數給還，以免疑慮，希核辦電覆。（《清代藏事奏牘》頁一五五七，《清季外交史料》宣統朝卷十六，頁四）

二、外部致聯豫布丹爲西藏屬部英人謂歸其管理應切實駁論電

西密。初八日電悉，布丹受先朝封號，頒給敕印，爲西藏屬部，且迭次藏中辦理夷務，奏咨各案具在，足以爲據，英人窺伺該部已久，茲竟明謂歸其管理，在我亟應切實駁論，以維主權，惟該照會係彼此商務委員交涉，向未經英政府發露，似可先由尊處飭靖西同知羅列案據，詳切駁覆，詰以印政府何以有此命令，是否別有誤會，看其覆文如何再籌因應，至布丹內情，前據羅道電謂中薩部爲英牢籠，巴竹仍戴天朝，究竟近日向背如何，印人對彼有何舉動，希飭密查，隨時見示，統仗藎籌詳酌辦理並電覆外部。宣統二年八月十四日《西藏檔》。（《清季外交史料》宣統朝卷十六，頁四三）

三、外部致趙爾巽布丹係中國屬邦英人有無秘密舉動希查覆電

申。轉駐藏聯大臣布丹事，上月二十二日電悉，現準英使照稱，聯大臣有違法干涉布國情事，布丹國君接聯大臣信內所云，究係中國於布丹有上國之權，語氣係飭令口氣，茲奉政府飭將去年英布畫押之條約〔註2〕鈔送，嗣後中國若有致布國文牘，須送英政府轉送並答覆，又去年照會聲明藏政如有更變，英國不允有礙廓爾喀並布丹，哲孟雄之國體，請再注意等因，本部當以布丹係中國屬邦，迭受封號，頒有敕印，駐藏大臣行文係照向例辦理，並非分外干涉，英布所訂條約，本部並未聞知，不能因此改變中布歷來辦法，至廓爾喀歷年進京進貢，久已服屬中國，布丹亦係中國屬邦，不能與哲孟雄之照約歸英保護者視同一律，中國對於布丹事件仍照成例辦理，並非有所更變等語。駁覆該使，布丹爲英所迫，私與訂立條約，送來條款有每年英助十萬盧比併外交隨從英政府指導之語，在我自難承認，但究竟該部向背如何，英人對彼有無他項秘密舉動，仍希不動聲色，密查詳酌妥辦，並隨時見覆外務部。宣統二年九月二十五日《西藏檔》。（《清季外交史料》宣統朝卷十七，頁四一）

〔註2〕英布畫押之條約，指布魯克巴與英國於藏曆第十五饒迥土雞年，清宣統元年十一月二十七日，西曆一九一○年一月八日所簽訂之條約，條約文本見附錄。

四、外部致聯豫英不認布廓兩部爲我屬國希查覆英人舉動電

申。布丹，廓爾喀事，上月初三日函計達，準英使照覆稱本國政府不能
承認布丹、廓爾喀均係中國屬國，若中國能有權施行於兩國，或能與兩國有
所干預，則本國政府不能不出面阻抵等語，此事迭經本部羅列案據，與英使
辯論，彼堅不認布，廓兩部爲我屬國，阻抵一言尤爲強硬，希隨時留意並密
查該兩部舉動及該兩部向背情形，電部爲要，外務部，宣統三年四月十四日
《西藏檔》。（《清季外交史料》宣統朝卷二十，頁三一）

五、駐藏大臣聯豫致外部英人干涉廓布兩部請駁覆電

申。十四日電示英人干涉廓、布兩部各節，蓄謀甚狡，查廓部駐有英官
歷年已久，印度苦工廓人最眾，布分兩部曰中薩，曰巴竹，其部長稱曰奔絡，
英人暗給中薩奔絡歲俸十萬盧幣，其哈地營官烏堅〔註3〕常川在印交通，至藏
中並無格外擴張權力於該兩部之事，然默察情勢，必須我之兵力足任保護，
各部方免外向，捨此別無良策，現仍應懇大部堅持駁覆，不稍鬆盡勁，彼欲
無厭，勢將得步進步，因應機宜，伏乞隨時指示，俾有遵循，初三日緘尚未
奉到，豫叩，二十日。宣統三年四月二十四日《西藏檔》。（《清季外交史料》
宣統朝卷二十，頁五三）

六、附英寇自述誘布魯克巴立約及與清廷之交涉

錫金部長〔註4〕之私人意見，上章雖述及之，但均不關重要，因彼等尚未
知西藏東部發生之事變〔註5〕也。且該部長年事日老，舊權已失。惟布丹尚有
危險。吾之前任未離職時，恐中國干涉布丹，鼓吹益與布丹親密。一八六五

〔註3〕 哈地營官烏堅，本名烏金多傑（一八六一～一九一七年），出生於巴竹以南
一村莊，與烏堅汪曲爲堂兄弟，其父夏爾巴・奔均長期在西藏與大吉嶺間販
賣貨物，即親昵英人，烏金多傑繼之，任布魯克巴駐大吉嶺之官員，負責與
英印交涉者，素昵英人，謀侵藏不遺餘力，光緒二十九年英寇侵藏後授烏堅
汪曲以爵士稱號，烏堅汪曲酬庸其以哈宗宗本，故此處曰哈地營官。《清代西
藏與布魯克巴》頁二三三，二五〇。
〔註4〕 錫金部長，即光緒二年周溱赴布魯克巴，哲孟雄阻止英寇築路於布魯克巴時
賞加總堪布銜哲孟雄部長吐多朗結。
〔註5〕 西藏東部發生之事變，指清季末年趙爾豐於川邊推行之武力改土歸流，世襲之
土司被廢除，抗拒者被殺或投奔達賴，引起西藏上層於己權利被剝奪之擔憂。

年之約，規定布丹與錫金或闊癡畢哈〔註6〕（KuchBehar 印度一小邦，接近布丹南部）如有爭論，須請英政府判決，懷特提議布丹如與四鄰各國爭論，皆必告英政府。布丹贊成此舉，則可增加津貼費以獎勵之。政府命吾〔註7〕往說。布丹人口不過數十萬，而幅員則爲威爾斯〔註8〕之二倍半，境界與印度相接者二百五十哩，與西藏相接者略短。早已擺脫中國蒙昧之宗主權，百年來之事蹟可以爲證也！一八六五年吾向布丹開戰，中國未嘗往助，戰後吾與直接訂約，中國又未嘗與聞。一八八五年拉薩之中國大臣命布丹兩首領（即湯塞〔註9〕與泊羅〔註10〕兩處之彭拉布〔註11〕）仍擁其所逐之布丹王復位，但彼等擱置不理〔註12〕。一八八八年遠征錫金，西藏人請布丹往援，布丹不應〔註13〕。未幾西藏大臣請布丹諸首領往斐利〔註14〕共商抵禦英人侵略，又被拒絕。數十年來吾等與布丹交涉，未嘗有任何人參加。布丹每年送款拉薩，在西藏人目爲納貢，在布丹政府則僅以爲獻於達賴之宗教禮物。實際完全獨立，既不屬中國，又不屬英國。其地肥沃，氣候溫和，僅四分之一爲布丹人所居，故中國人甚垂涎之，將來必漸移殖。中國南方人重視該處，亦猶中國北方人之重視蒙古平原也。中國人口過剩，自不得不設法救濟。其本部及西藏境界之蒙古種如尼泊爾錫金布丹以至於緬甸，皆彼等所視爲天然之勢力範圍也。單就布丹而言，其民原屬西藏族，又尊達賴爲其精神上之首領，西藏與之聯絡甚久，幾可擴充成爲中國式之無形宗主權。（不過今日布丹人必不歡迎此說。）且布丹有中國軍隊戍守，中國之殖民者日益增多，俯瞰

〔註6〕 闊癡畢哈（KuchBehar），今多譯作庫奇比哈爾，爲印度佔據，本布魯克巴之屬部，乾隆三十七年該部內爭，布魯克巴處置之，內爭一方求助於英印度公司，英印度公司出兵布魯克巴，簽乾隆三十九年英侵布魯克巴之條約，即今日稱之爲《東印度公司和不丹之間的和平條約～一七七四》，條約之文本見本書附之條約，該部遂爲英踞。

〔註7〕 吾，即貝爾（C.A.Bell）。

〔註8〕 威爾斯（Wales），今多譯作威爾士，是大不列顛及北愛爾蘭聯合王國的一個王國。

〔註9〕 湯塞，即終薩。

〔註10〕 泊羅，即巴竹。

〔註11〕 彭拉布，從上下文知之，彭拉布似即奔洛之謂。

〔註12〕 此即光緒十一年西藏遣員調處布魯克巴內亂事，見前文，布魯克巴具甘結其部長等八大缺報駐藏大臣點放之。

〔註13〕 光緒十四年，即西曆一八八八年英印侵哲孟雄，布魯克巴遣兵千七百來助之，爲升泰遣歸之。

〔註14〕 斐利，即帕克哩。

阿薩密及遮耳丕格利〔註15〕之茶園，誠印度邊界一新危機也。至於供給勞工，漫無系統，結果雖有損於此種大產業，尚不過吾等困難之一小部份而已。兩月前中國駐藏大臣謂布丹諸首領曰：「布丹人皆中國天子之臣民。汝等（部長及兩彭拉布）每喜夜郎自大，而不知逆汝主命，則不能繼續任職也。中國以布丹爲南疆門戶，以防人（不列顛）侵入。幫辦（春丕谷之中國官）將來此查閱汝等之谷產氣候等等。汝爲部長，當努力促進國家之商務及農民之境況。若欲援助者，可告我知之也。」

當時，江孜之中國官吏，爲一有才具之外交家政治家〔註16〕，曾至布丹西部都城泊羅。遇見泊羅彭拉布及丁卜莊彭〔註17〕。丁卜莊彭在其主而外，即爲彼獨尊，握國家大權，在許多方面，居於半獨立之地位。當時中國在布丹宣傳之強烈，其證據益昭昭在人耳也。故一九〇八年四月吾就職時，印度政府詢吾布丹之事，吾即以此告之。懷特所提之議，吾以爲尚不足阻中國前進，因吾等僅能於爭論時有權干涉。若布丹他日同意中國干涉其事時，即承認中國委員駐於布丹時，則吾等束手無能爲矣。因此吾獻計，謂吾等當努力誘布丹，以其國之外交交英政府處理，英政府不干涉其內政。此條但書，吾覺甚爲重要，因吾居邊境，已深悉自治如能實行，則公平便當，兼而有之。熱心政治者，當好以最善之動機，改革所謂退化民族之政府，但此等改革若非人民之所欲，則終害多利少。無論如何，必將激起憤恨，吾等何樂而必使此一部份之邊境對於英國事物生厭惡之情乎？蒲脫勒（Mr Butler 今爲 Sir Horcourt）〔註18〕時爲西姆拉〔註19〕外交秘書，採納吾議。印度政府亦贊成吾說：惟國務卿摩黎〔註20〕不亟亟於此。越十月而後得其許可。是時中國暗中進行仍然甚力，故此次延宕，甚爲危險也。拉薩發行之中國報紙，於譏訕英人以後，勸勉西藏人與同種族同宗教之尼泊爾人布丹人聯合，反抗吾等。吾議既得英

〔註15〕 遮耳丕格利（Jalpaiguri），今譯作傑爾拜古里或賈爾派古里，今印度西孟加拉邦北部城市，在提斯塔河右岸，有鐵路通大吉嶺和西孟加拉其他城市。

〔註16〕 此處所指之官似即馬吉符，當烏堅汪曲倚恃英寇自立爲王時曾赴布魯克巴調查，撰《入布調查覆文》，前已錄之。

〔註17〕 丁卜莊彭（Timbu Dzongpon），似乎爲延布宗本之音譯。

〔註18〕 蒲脫勒（Mr Butler 今爲 Sir Horcourt），履歷待考。

〔註19〕 西姆拉（Shimla），今亦譯作西姆拉，位於印度北部喜馬拉雅山山區，爲印度喜馬偕爾邦首府，在英國殖民時期，爲英屬印度的夏都。

〔註20〕 摩黎（Lord Morley）（一八三八～一九二三年），第一代布萊克本的莫萊子爵，最高職務任至印度事務大臣，樞密院議長，出身於布萊克本。

政府許可，即奉命與布丹磋商新條約，並隨事勢之必要，增加每年資助費。吾不敢遲延須臾，但決計非立足穩固，則不往布丹。克齊樂秦〔註21〕為布丹政府中非常有才之委員，吾早已與之交好，承其合作，邀布丹部長及公會中各大員諸寺中各代表（亦有大勢力，如各蒙古種之國家然）至布丹西部一要地日勃勒克〔註22〕者會集。吾擬定每年增加資助半拉克盧布（三千三百三十三磅，）縱欲再少，亦不可得，蓋懷特不須訂任何條約，即已提議增加此數，布丹政府中人似已注意及之也。事均準備妥當，乃往布丹。江孜醫官鏗尼底上尉扈行。在犛犵不平之路上行四日，至一四無人煙之境，是地雨量稀少，曠野蕭條。次至泊勒果〔註23〕，山側多草，無灌木水蛭等喜馬拉雅山常見之毒物，水流曲折，徐徐下注以過遍布橡樹楊樹松樹之山坡。苟為英國領土，蓋為山站之一理想地也。吾等在特克谷〔註24〕中見一峻嶺上有數大蜜蜂窩。布丹人取得之後，緣繩而下。行歷一兩日，吾聞中國有五間諜在吾等前。吾於是決計，不顧疾病，倍道而馳，三日，距勃勒克即祇六哩而弱。按西藏禮節，末程最短，則宜於上午達到，故吾等於次晨抵勃勒克，部長之扈衛樂隊為先導，遇部長及公會中人於營幕入口。此營乃為吾等準備者。吾到後，照例往謁。見公會中人，初不願以布丹之外交歸英政府掌握。但吾能使之承認，蓋吾擔保不干涉其內政故，談判甚為便利。有數夜大半消磨於鈔寫英文及布丹文之條約底稿。二份歸布丹，二份歸吾人等。次日，即一九一〇年一月八日，四份條約均簽字蓋印。布丹人蓋印者，為部長及公會中各大員教門各代表，法王〔註25〕之印褒然居首，彼為佛化身，其在布丹蓋猶達賴之在西藏，其印雖為政府處理要務所必需，而彼本人今已專心於宗教職務。如是布丹合於英，得全體人贊同，並得萬能之僧為之祝福。當約完成時，部長公然宣言彼等對於各條款完全滿意云云。此事成功，吾等得總督之慶賀及英政府之嘉獎，固甚欣悅。但成功實賴下列三人之力為多。一為保羅〔註26〕，首樹英國與布丹之交誼，使孤僻嫉視之人民，雖不積極相助而能相容者也。第二為懷特，乘

〔註21〕 克齊樂秦，即烏金多傑，見注釋三。

〔註22〕 勃勒克（Punaka），即今布魯克巴之普納卡。

〔註23〕 泊勒果（Panagu），待考。

〔註24〕 特克谷（Taka Valley），待考。

〔註25〕 法王，《現代不丹》一書列沙布隆世系至光緒二十九年而止，此處之法王可能祇是其之印章而已。

〔註26〕 保羅（A.W.Paul），待考。

機會繼續工作，湯塞彭拉布爲布丹主時，彼曾參與即位典禮者也。第三爲克齊樂秦，今已受王號。其靈妙之策劃，於英國及其本國之利益皆有大裨助。彼深悉兩國利益如何能融合無間。不幸於數年後物化，布丹政府遂失一勞績卓著之大臣，吾亦失一忠藎之良友矣。吾及鏗尼底留布丹凡七星期，與部長及各小頭目訂交甚密。部長不特爲一能主，並爲其民及外國友人所敬服。雖僅兩次離其隱君子國，而大度能容，與周遊世界者無異。其禮貌之周至，性質之靜穆，皆西藏貴族普通所具之世德。彼以吾爲其三大友之一，吾誠覺爲榮幸。吾辭行時，彼贈一即位紀念金牌，此等金牌爲數才五枚也。其與西藏政府之關係表面甚和藹而實不誠篤。三四年前，懷特嘗於江孜以南通過西藏，往布丹東部。西藏政府責布丹不應許英人經西藏入其國內。部長答曰：「如吾者，居於布丹之野，不過爲一愚樸之人，其犯大過，誠無容疑。惟西藏政府曾允數百英兵並由英官率數千印度兵同入西藏中心之拉薩，則一英人隻身經過汝國一遠隅，諒無大害也。」彼後爲吾曰：「此信去後，未接覆音也。」吾與泊羅亦爲好友，彼在六年前嘗欲阻吾通過布丹西境。但私人交際既頻，誤會遂以冰釋。翌年，部長至德里堆巴朝王。與布丹所訂條約之利益大略如下：

（一）布丹沿孟加拉阿薩密邊境二百五十哩。其山接近印度一最膏腴之地，其地爲英屬印度之茶園及繁盛之村落。此新條約可以防止中國人干涉。

（二）在布丹錫金兩處，尼泊爾人增加甚速，此約助吾等管理之。

（三）布丹地最肥沃，能以農業養一百五十萬人，供給中國戍兵之稻及其他常用食品，毫不爲難。今日與吾等接界處，既無英兵，又無印度兵。但中國新式訓練之軍隊若駐於布丹，則吾鄰國之茶園村落，除非駐軍於靠近印度最不衛生之地帶，難期保全無虞。

（四）利用此約可以嚴阻中國人移殖。中國在一九○九年嘗努力殖民於西藏東部巴塘一帶荒地。更以同一目的覬覦離布丹不遠之西藏東南部。布丹之氣候，甚適合中國中部南部人之理想。加以疾病戰爭及佛教之影響，人口減少，有地四分之三，無人耕種，甚易爲中國農業家所得。

（五）此約非以戰爭得之，出自兩方善意，故無戰爭所留仇恨。

中國人對於布丹有所計劃，確鑿無疑。張蔭棠採中國宿有之象徵主義，力倡混合五族，即以中國、西藏、尼泊爾、布丹、錫金，喻五色。而尼泊爾、布丹、錫金，則擬之如人口中之臼齒，排列兩邊。此彼爲中國總理衙門管理藏務大臣時之意見也。其先爲查辦藏事最高委員時，即行進取政策。當駐藏大臣在拉薩宣布中國於布丹有宗主權，並命其波彭切實施行之時，本可希望成功。蓋布丹之種族宗教與西藏同，亦欽仰西藏教主，與西藏權要互相贈遺。吾在布丹，曾見布丹擬焚燈於拉薩大廟中，以為其疏遠兄弟禱祝。種族宗教本結合之最強要素，在東方為尤然也。倘中國果控制布丹，則必不忘其所謂欲使布丹成一「禁人侵入之南方門戶。」英國與布丹之密切關係，必被阻隔，商務必被限制。今有此約，則可望印度與布丹之貿易大增矣。吾等得訂此約，誠為佳事，是於吾國固利，於布丹亦利，布丹經濟，將來倚賴印度之提協，必與日俱進也。（《西藏之過去與現在》頁六六）

附 錄

一、乾隆三十九年英侵布魯克巴之條約

東印度公司和不丹之間的和平條約（一七七四）

第一條　公司純全是爲了減輕不丹人聲稱的困難和出於與鄰邦和平相處的願望，願歸還在不丹和庫奇比哈爾邦羅闍〔註1〕開戰以前屬於德布〔註2〕羅闍的所有土地，即東面契恰科塔〔註3〕和潘戈拉——豪特〔註4〕的土地與西面基倫蒂〔註5〕，瑪拉瓜特〔註6〕和盧基普爾〔註7〕的土地。

第二條　爲佔有奇查科塔省〔註8〕，德布羅闍每年應向公司進貢五匹坦岡馬，這是過去對比哈爾邦羅闍的答謝辦法。

第三條　德布羅闍須釋放庫奇比哈爾邦羅闍杜津德爾·納拉因〔註9〕以及和他監禁在一起的首相（他的弟弟）。

第四條　經商的不丹人仍照往常一樣享有免稅貿易特權，允許他們的商隊每年前往蘭格普爾〔註10〕。德布羅闍永遠不得對這個國家發動侵略，也不

〔註1〕羅闍，即王之謂。
〔註2〕德布，即布魯克巴第巴，第司之謂。
〔註3〕契恰科塔，英文作 Chitchacotta。
〔註4〕潘戈拉一豪特，英文作 Pagolahaut。
〔註5〕基倫蒂，英文作 Kyruntee。
〔註6〕瑪拉瓜特，英文作 Marragaut。
〔註7〕盧基普爾，英文作 Luckpoor。
〔註8〕奇查科塔省，待考。
〔註9〕杜津德爾·納拉因，待考。
〔註10〕蘭格普爾（Langpur），即朗普爾。

得在任何方面故意干涉已經臣服公司的農民。

第六條　如有任何農民或居民逃離公司領地，一經提出要求，德布羅闍須立即將人交出。

第七條　如有不丹人或在德布羅闍統治下的任何人對公司的這些領地或公司領地的任何部份的居民有所要求，或與之發生爭議，他們祗能向住在這裡執行法律的地方法官申請起訴。

第八條　鑒於英國人把孫尼亞西人〔註11〕視為敵人，德布羅闍不得允許孫尼亞西人在現已放棄的地區的任何地方避難，也不得准許他們進入公司的領地或通過德布羅闍的領土，如不丹人自己不能將他們驅逐出去，他們應向英國駐庫奇比哈爾邦的駐紮官報告，並不得把英國軍隊因追擊孫尼亞西人進入那些地區視為對本條約的違犯。

第九條　公司如需要在山下樹林的任何地方砍伐木材時，可以免稅進行砍伐，派遣的人員應受到保護。

第十條　雙方均應釋放俘虜。

本條約將由孟加拉參事會主席和參事會等簽署，一方由公司蓋章，另一方由德布羅闍簽字蓋章。（《現代布丹》，頁一五六）

〔註11〕孫尼亞西人，英文作 Sannyasi。

二、同治四年英侵布魯克巴之條約

英國和不丹和平友好條約（一八六五年〔註12〕十一月十一日訂於辛
楚拉〔註13〕）

英國女王陛下東印度領地總督約翰・勞倫斯爵士閣下與不丹達磨羅闍大
君〔註14〕殿下和德布大君〔註15〕殿下之間的條約，簽署人一方爲赫伯特・布
魯斯中校，由總督授予全權證書。另一方爲薩姆多傑・德布・吉姆佩和德姆
賽倫西・多納爾，由達磨羅大君和德布大君授予全權證書。

第一條　英國政府和不丹政府之間今後應保持永久和平和友誼。

第二條　由於不丹政府進行多次侵略和該政府拒絕對其侵略給以滿意的
解決，以及他們對總督閣下派去爲兩國間的分歧進行友善調解的官員加以侮
辱，英國政府被迫使用武力佔領整個多阿斯和某些防衛通往不丹的山口的山
地哨所。同時鑒於不丹政府現已對過去的錯誤行爲表示遺憾並表示願同英國
政府建立友好關係，因此雙方同意，不丹政府將毗鄰龍波，庫奇比哈爾邦和
阿薩姆等地區的稱爲十八多阿斯的整個地帶，連同安巴里——法拉科塔的塔
盧克和蒂斯塔河左岸的山地直到奉派辦理此事的英國專員可能指定的地點，
永遠割讓給英國政府。

第三條　不丹政府同意交出目前強行拘留在不丹的所有英國臣民以及錫
金和庫奇比哈爾邦首領的臣民，並同意對全體或任何上述人員返回英國領土
不加阻攔。

第四條　考慮到不丹政府割讓本條約第二條所規定的領土及該政府已對
過去的錯誤行爲表示遺憾，並保證今後防止一切心懷惡意的人在英國領土或
錫金和庫奇比哈爾邦大君的領土內犯罪，以及對無視他們的命令而可能犯的
一切罪行給予迅速和充分的補救，英國政府同意每年付給不丹政府不超過五
萬盧比的補助費，這筆補助費應給予宗本以上的官員，由不丹政府委派他們
去接受該款。

〔註12〕一八六五年，即同治四年。

〔註13〕辛楚拉（Sinchula），當在巴桑卡爾附近，待考。

〔註14〕此處漏一闍字，今補之。達磨羅闍大君指沙布隆喇嘛，據《現代不丹》一書
　　　　當爲阿旺・吉格梅・喬加爾（一八六二～一九〇三年）。

〔註15〕德布大君，指布魯克巴第巴，即《現代不丹》一書所載之策旺・希土普。

現進一步議定該款應按如下規定付給：

不丹政府履行本條約規定的各項條件後付給二萬五千盧比。

第一次付款後的一月十日付給三萬五千盧比。

次年一月十日付給四萬五千盧比。

此後每年一月十日付給五萬盧比。

第五條　如不丹政府方面採取錯誤行為，或未能制止其臣民的侵犯行為或未遵守本條約各項條款，英國政府有權隨時全部或部份停止付給上述補助費。

第六條　英國政府同意，一經不丹政府書面正式提出要求，應根據一八五四年第七號法令（該法令的抄件將提供給不丹政府）的規定交出所有被控犯有下列任何罪行而可能在英國領土內避難的不丹臣民：謀殺，企圖謀殺，強姦，綁架，重大的人身暴行，傷人致殘，聚眾行劫，謀財害命，搶劫，偷盜，有意接受來自聚眾行劫，搶劫或偷盜的財物，偷竊牲畜，破門入屋進行偷竊，縱火，放火焚燒村莊，房屋或城鎮，偽造或使用偽造文件，偽造流通錢幣，有意使用假幣或偽幣，作偽證，賄人作偽證，官員或其他人員盜用公款以及充當上述任何一項罪行的從犯。

第七條　不丹政府同意，一經孟加拉副總督（或經他許可）正式提出要求，應即交出被控犯有前條所述的任何罪行而在不丹政府管轄的領土上避難的任何英國臣民，以及在英國領土內犯有上述任何罪行後逃入〔註 16〕不丹，其罪證經由犯罪發生地區的地方法院認為確鑿的任何不丹臣民。

第八條　不丹政府同意將與錫金或庫奇比哈爾邦大君的爭端或對他們的控告交由英國政府仲裁，並遵守英國玫府的裁決。英國政府保證依照必要的司法手續調查和解決一切此類爭端和控告，並堅持使錫金和庫奇比哈爾邦大君遵守裁決。

第九條　兩國政府之間應進行自由貿易和通商。對輸入英國領土的不丹貨物應免徵關稅。不丹政府也不得對輸入或運經不丹領土的英國貨物徵收關稅，住在英國領土上的不丹臣民享有同英國臣民平等的法律地位。住在不丹的英國臣民應享有同不丹政府臣民平等的法律地位。

第十條　本條約共十條。一八六五年十一月十一日，即不丹木牛年九月二四日訂於辛楚拉。赫伯特・布魯靳中校和薩姆多傑・德布・吉姆佩與德姆

〔註16〕原文作人，今改正。

賽倫西・多納爾在本條約上簽字蓋章。總督閣下和達磨羅闍〔註 17〕大君殿下與德布大君殿下的批准書自即日起三十天內互換。（《國際條約集》（一六四八～一八七一）頁四四四，譯自艾奇遜編《印度和鄰國間條約集》第十四冊九六至九八頁）

〔註17〕原文漏一闍字，今補之。

三、宣統三年英誘布魯克巴之條約

樞密顧問官，印度星章上級爵士，印度帝國上級爵士，聖邁克爾和聖喬治上級爵士，明托伯爵，印度總督吉伯特・約翰・伊里亞德——默里——基寧蒙德〔註18〕和印度帝國上級爵士，不丹大君烏顏・旺楚克〔註19〕殿下之間簽訂的條約（一九一○年）

茲因修改英國政府和不丹政府於一八六五年十一月十一日，即不丹木牛年九月二十四日在辛楚拉所訂條約之第四，第八兩條是合宜的，今由駐錫金政治專員 C.A.貝耳先生全權代表樞密顧問官，印度星章上級爵士，印度帝國上級爵士，聖邁克爾和聖喬治上級爵士，明托伯爵，印度總督吉伯特・約翰・伊里亞德——默里——基寧蒙德與印度帝國上級爵士，不丹大君烏顏・旺楚克殿下共同協議，修改如下：

一八六五年辛楚拉條約第四條增補下列一段：

英國政府自一九一○年一月起將每年給予不丹政府的津貼由五萬盧比（五○，○○○盧比）增為十萬盧比（一○○，○○○盧比）。

一八六五年辛楚拉條約第八條已作修改，修改後的條文如下：

英國政府保證不干涉不丹內政。不丹政府方面同意在對外關係上接受英國政府的指導。如與錫金和庫奇比哈爾邦大君發生爭議或對他們有所控告，則此等事項將交由英國政府裁決。英國政府當依法律必要手續加以解決，並勒令錫金和庫奇比哈爾邦大君遵守判決。

公元一九一○年一月八日，即不丹土鳥〔註20〕年十一月二十七日訂於不丹普那卡〔註21〕，共四份。（《現代不丹》頁一六○）

〔註18〕明托伯爵（Earl of Minto），印度總督吉伯特・約翰・伊里亞德一默里一基寧蒙德（Sir Gillert John Elliot-Murray-Kynynmound），為印度第三十六任總督，任職時間為一九○五年至一九一○年。

〔註19〕不丹大君烏顏・旺楚克，即烏堅汪曲。

〔註20〕不丹土鳥，此處土鳥為土雞年之誤，土雞年即該條約簽訂之宣統元年。

〔註21〕普那卡，是不丹普納卡宗的首府所在地，普納卡曾是不丹部長的古都。

四、光緒十六年《中英會議藏印條約》

總署奏印藏撤兵定界酌議條約請派員畫押摺　附條約

總理各國事務慶親王奕劻等奏，爲印藏撤兵定界，謹將先後酌議條約開單呈覽，並請派員畫押事。

竊查印藏構釁日久未結，自駐藏大臣升泰馳抵納東擬立條款，督同稅務司赫政，與英官保爾會商，漸就範圍。嗣因哲孟雄部長每年呈送達賴喇嘛禮物及游牧通商各節，彼此意見參差，爭持不決，遂將停議。臣等竊謂哲孟雄乃西藏之外別爲一部，向屬於藏，自嘉慶道光年間即與英國立約往來，迨咸豐十一年爲人所敗，重立條約，自此遂附於英，藏中從未過問。光緒十四年英人因藏兵出紮哲境，致啓釁端，迨接仗失利。英入駸駸有入藏之勢。經駐藏大臣開導藏番，一面由臣衙門與英使再三辯論，始得罷兵息事，若不就此明定界限，恐彼此無所遵守，洋人或有窺伺藏地之心，轉成不了之局，是以上年八月間，臣等就升泰原擬各條刪繁就簡，酌議四條，恭呈御覽。一面交與總稅務司赫德，電知赫政知照升泰後，再與英官保爾會議，以期妥速，一面由臣等往晤英國使臣華爾身，電其外部，冀可早爲了結，免致別生枝節。華爾身旋接外部及印度電稱，臣衙門所擬四條辦法較前妥當，可以商辦，並云納東地方冷僻，諸多未便。請在大吉嶺會商。當經電知升泰前往，已於去年十二月十六日行抵大吉嶺。所有歷次電陳各節，均經上達宸聰。

茲據赫德函稱，數日以來迭接赫政來電，將擬議之條約全文八款譯漢呈送前來。臣等詳細校閱，其中緊要關鍵，如第一款藏哲之界以咱利山一帶山頂爲界，第二款哲地歸英國保護，第三款兩邊各無犯越之事，字句雖與原擬條款略有增改，而意義均屬相符，其餘緩議各條善後應辦事宜，盡可徐與商量，彼此派員定議。臣等再四籌思，哲部久爲英人保護，無可與爭，通商亦近年新約所允，今藏印既兩無異言，似應就此完結，以期永弭釁端又安邊境。謹將條約八款繕呈御覽，如蒙俞允，應請簡派駐藏幫辦大臣升泰爲全權大臣，即照所擬條款，在彼與英員先行畫押，俟奉諭旨後，由臣衙門照會英國使臣華爾身閱看，以爲全權文憑之據，俾其電知印督趕緊辦理，以昭信守。謹奏。

光緒十六年正月初九日奉硃批，另有旨。

《中英會議藏印條約》光緒十六年七月十二日在倫敦互換

茲因大清國大皇帝，大英國大君主五印度大后帝，實願固敦兩國睦誼，永遠弗替，又因近來事故，兩國情誼有所不協之處，彼此欲將哲孟雄西藏邊界事宜，明定界限，用昭久遠，是以大清國大皇帝，大英國大君主擬將此事訂立條款，特派全權大臣議辦，大清國特派駐藏幫辦大臣副都統銜升，由大英國特派總理五印度執政大臣第一等三式各寶星上議院侯爵蘭，各將所奉全權便宜行事之上諭文憑，公同校閱，俱屬妥協。現經議定條約八款，臚列於後。

第一款　藏哲之界以自布坦交界之支莫揨山起，至廓爾喀邊界止，分哲屬梯斯塔及近山南流諸小河，藏屬莫竹及近山北流諸小河分水流之一帶山頂為界。

第二款　哲孟雄由英國一國保護督理，即為依認其內政外交均應專由英國一國徑辦，該部長暨官員等，除由英國經理准行之事外，概不得與無論何國交涉來往。

第三款　中英兩國互允以第一款所定之界限為準，由兩國遵守，並使兩邊各無犯越之事。

第四款　藏哲通商應如何增益便利一事，容後再議，務期彼此均受其益。

第五款　哲孟雄界內游牧一事，彼此言明，俟查明情形後，再為議訂。

第六款　印藏官員因公交涉如何文移往來，一切彼此言明，俟後再商另訂。

第七款　自此條款批准互換之日為始，限以六個月，由中國駐藏大臣，英國印度執政大臣各派委員一人，將第四，第五，第六三款言明，隨後議訂各節，兼同會商，以期妥協。

第八款　以上條款既定後，應送呈兩國批准，隨將條款原本在倫敦互換，彼此各執，以昭信守。

光緒十六年二月二十七日即西曆一八九○年三月十七日在孟臘城繕就華文，英文各四份，蓋印畫押。（《光緒朝外交史料》卷八二，頁一）

五、光緒三十年英逼西藏所訂之《拉薩條約》

　　案查光緒十六，十九年中國與英國所定兩次英藏條約，因其意義並切實施行，均有疑難之處，又查英藏歷年和好，近因事故，情意未洽，今欲重修舊好，將所有疑難之事，全行解定，茲大英國政府特派邊務全權大臣榮赫鵬，與噶爾丹寺長羅生戞爾曾，暨噶布倫並沙拉，別蚌，噶爾丹三大寺之呼圖克圖，兼與西藏民教諸首領，代表西藏，議定條款，開列於後。

　　第一款　西藏應允遵照光緒十六年中英所立之約而行，亦允認該約第一款所定哲孟雄與西藏之邊界，並允按此款建立界石。

　　第二款　西藏允定於江孜，噶大克及亞東，即行開作通商之埠，以便英藏商民，任便往來貿易。所有光緒十九年中國與英國訂立條約內，凡關涉亞東各款，亦應在江孜，噶大克一律施行。惟嗣後如英藏彼此允改，則該三處應從改定章程辦理。除在該處設立商埠外，西藏應允所有現行通道之貿易一概不准有所阻滯，將來如商務興旺，並允斟酌另設通商之埠，亦按以上所述之章，一律辦理。

　　第三款　光緒十九年中英條約所有更改之處，應另行酌辦。西藏允派掌權之員與英國政府所派之員會議，詳細酌改。

　　第四款　西藏允定，除將來立定稅則內之稅課外，無論何項徵收，概不得抽取。

　　第五款　西藏應允所有自印度邊界至江孜，噶大克各通道，不得稍有阻礙，且應隨時修理，以副貿易之用，並於亞東，江孜，噶大克及日後續設之商埠，各派藏員居住，英國亦派員監管各該處英國商務。如欲齎送公文信函於藏官，或駐藏各華官，均責成商埠居住之各該藏員接收轉送。覆文回信，亦一律責成此員妥送。

　　第六款　因西藏違約，英國派兵前往拉薩責問，又因英國邊務大臣暨其隨員護兵等被侮被攻，是以西藏允兌給英國政府英金五十萬鎊，合盧比銀七百五十萬元，以賠補兵費及無禮侮攻各情。此賠款應在英國政府隨時所定之處或於藏境內，或於英境大吉嶺，札拉白古里等地面內清繳。每年西曆一月一日兌銀十萬盧比，七十五年繳清。應於何處收兌，英國政府預先知照。第一期應在西曆一千九百零六年一月一日照數兌交。

　　第七款　俟以上所述之賠款照數繳清後，並第二，三，四，五等款內所稱商埠切實開辦三年後，英國政府於未辦之先，仍於春丕駐兵暫守作質，至賠款清繳或商埠妥立三年後最晚之日為止。

第八款　西藏允將所有自印度邊界至江孜，拉薩之炮臺，山寨等一律削平，並將所有滯礙通道之武備全行撤去。

第九款　西藏允定以下五端，非英國政府先行照允，不得舉辦。

一，西藏土地，無論何外國，皆不准有讓賣，租典或別樣出脫情事。

二，西藏一切事宜，無論何外國，皆不准干涉。

三，無論何外國，皆不許派員或派代理人進入藏境。

四，無論何項鐵路，道路，電線，礦產或別項利權，均不許各外國或隸各外國籍之民人享受，若允此項利權，則應將相抵之利權或相同之利權，一律給與英國政府享受。

五，西藏各進款，或貨物或金銀錢幣等類，皆不許給與各外國或籍隸各外國之民抵押撥兌。

第十款　此約共繕五分，由商定之員，在拉薩於光緒甲辰年七月二十八日，即西曆一千九百零四年九月七日畫押，蓋印為憑。

大英國邊務大臣榮赫鵬印　　達賴喇嘛印（此印乃噶爾丹寺長所鈐）

噶布倫印　　　別蚌寺印

沙拉寺印　　　噶爾丹寺印

西藏首領印

英藏各員現行聲明，今日所立之約，以英文為憑。

大英國邊務大臣榮赫鵬印　　達賴喇嘛印（此印乃噶爾丹寺長所鈐）

噶布倫印　　　別蚌寺印

沙拉寺印　　　噶爾丹寺印

西藏首領印　　印度總督士爾簽押

此約西曆一九○四年十一月十一日在印度新辣由印度總督當堂批准。

印度政府外交部大臣費禮夏簽押。

印度總督所聲明之款附於已經批准之光緒三十年七月二十八日即西曆一九○四年九月七日所訂英藏條約之內。光緒三十年七月二十八日即西曆一九○四年九月七日，英國所派邊務大臣榮赫鵬代英政府與噶爾丹寺長羅生戞爾曾暨噶布倫並沙拉別蚌噶爾丹三大寺之呼圖克圖，兼與西藏民教諸首領，代表西藏所立之約，現經印度總督批准，並惠允飭將該約第六款，西藏應賠補英國入藏兵費，由原定七百五十萬盧比，減爲一百五十萬盧比。又復聲明，該約所定之賠款，初繳三年三期之後，所派佔守春丕之兵，可以撤退。惟該約第二款所立之商埠，西藏須按照第七款開妥三年，並須按照該約內各節，一一認眞遵辦。

　　印度總督唵士爾簽押。

　　此款於西曆一九〇四年十一月十一日由印度總督當堂簽押。

　　印度政府外交部大臣費禮夏簽押。（《光緒朝外交史料》卷一九六，頁一一）

六、光緒三十三年英俄二寇於西藏之條約

英駐俄使尼高遜致俄外部限制考察格致人入藏照會　附條款暨附款

（光緒三十三年八月十八日）

大英國駐俄頭等全權欽使尼高遜爲照會事。

照得西藏條款已於今日畫押，故本欽使特將下開宣佈之文奉告貴大臣，凡與英政府有所關係者，英政府甚願自奉照會之日始，三年期內，若未與俄政府先行商定後，不許各等考查格致之人人藏，惟俄政府亦須照此辦理。今英政府擬將此議照會中國政府，以期使之於該限期內遵守同等之義務，俄政府亦必自必照此辦理。一俟三年期滿，英政府必再以考查格致之人入藏事宜，與俄政府相商可也，須至照會者。八月十八日。

附英俄協定西藏條款

英俄兩政府均明認中國在西藏有上國之主權，英國因其土地位置之故，是以保全西藏外交之情況得以如故，實於英之特利有所關係，茲將商定各款開列於左。

第一款　立約之兩國均允尊重西藏之領土，並不干預西藏內政。

第二款　英俄兩國因欲尊守中國爲西藏上國之宗旨，故允除由中國政府相商外，不與西藏商議事宜。一九〇六年四月二七日《中英條約》所議准之一九〇四年九月七日《英藏條約》第五款內載之英國商務代理人可與藏官直接交涉一節，不得因有此款以致廢除。至一九〇六年該《中英條約》第一款所載諸事，亦不得因此有所更易。茲特聲明，英俄佛教人民倘實爲宗教事宜，可與達賴喇嘛及西藏佛教之代表人直接交涉，凡有與英俄兩政府相關者，兩政府亦不許此項交涉有損現定之條款。

第三款　英俄兩政府彼此允願不派代表人前赴拉薩。

第四款　立約之兩國均不允代本國，或代本國人民，索取西藏之鐵路，道路，電線，礦務等項利權。

第五款　英俄兩政府又允西藏之稅項，無論是否物業，錢銀，均不得作爲英俄兩國或英俄人民之質。

附　《英俄協定》西藏條約附款

附入一九〇四年九月七日批准之《英藏條約》之印度總督畫押之宣言書，

內開。一俟二百五十萬盧布賠款分三次，每年照數交付後，則英兵立即撤退城備山谷，惟該約第一款所載之通商市場，須已實行開通三年，藏官亦曾照一九〇四年該約各款切實辦理。等因。今英國再將此宣言書加以批准，茲特聲明，倘有他項原因英兵不能按該宣言書之限期撤退城備山谷，則英俄兩政府須將對付此事之意彼此互換。

大英國駐俄頭等全權欽使尼高遜畫押。

大俄國欽命外部大臣伊斯福士基畫押。

一九〇七年八月十八日（俄曆三十一日）訂於聖彼德堡。（《光緒朝外交史料》卷二〇五，頁一三〇）

七、咸豐六年西藏廓爾喀合同

赫特賀等奏廓爾喀與西藏地方議定合同十條和息了事情形摺（咸豐
六年六月十一日）

赫特賀，滿慶跪奏，為廓夷議立合同，諸涉含混，現據前後藏僧俗人眾，
懇准照議和息。奴才等審度時勢，酌量從權辦理完結，以息兵端而靖邊圉，
恭摺據實具奏，仰祈聖鑒事。

竊奴才赫特賀前將廓夷專差齎稟乞和，現在辦理大概情形，於正月二十
八日奏明在案。拜摺後，復據噶布倫汪曲結布稟稱，按據廓酋藏格巴都爾來
信，內開如今兩造既已議和，即與一家無異，請派前後藏僧俗管事頭目數人
先赴陽布，將一切事件商議清楚，再請大人派委漢官來至邊界查辦。小的噶
布倫仍派前赴濟嚨之商卓特巴宜瑪頓杜，噶廈卓尼爾朗結奪結，並添派三大
寺領袖喇嘛數人，同赴陽布修好，祈請札委漢官前來查辦，並再行檄諭廓爾
喀國王知照。等情。均經奴才赫特賀如稟分別飭知遵照各在案。

嗣於四月初十日，據委員糧務張祺，守備童星魁稟稱，派赴陽布之番目
喇嘛等，於三月二十四日轉回，並帶回廓番頭目噶南足打畢噶然瑪興塔巴，
行抵定日汛。接見後，面見該國王呈遞大人夷稟一合，又宜瑪頓杜等前在陽
布與廓酋藏格巴都爾新議合同二張，卑職等因所議合同諸涉含混，當向來使
諭以此項應定一切章程合同，應當同漢官及兩造頭人商議妥協，再稟請駐藏
大人察核飭遵，方符體制。今原議合同實未足以昭平允，而兩造頭人俱在此
間，應即從妥另議，庶免大人駁斥，而於兩造將來亦均有裨益。詎連日反覆
開導，該來使一味推諉，固執不遵。卑職等未便再事稽延，祇得將夷稟，合
同一併呈送，祈請察核。等情前來。

奴才赫特賀譯閱之下，不勝駭異。查該夷合同內所議十款。如：

一議藏屬商民遇有爭訟事件，廓夷頭目不得經管，廓爾喀在藏商民遇有
爭訟事什，唐古特頭目不得經管。如唐古特番民與廓爾喀商民互相爭訟，必
須兩造番目會同審訊，應收罰贖，彼此仍自行經理。

一議唐古特本係佛地，自議和以後，設有別國侵犯，廓爾喀自幫同護守。

一議兩造百姓遇有殺人犯法互相逃入界內者，彼此均應查出送還。

一議兩造商民財物設有不肖之徒互相搶殺者，應由各該管番目照數追還

失主。一時不能迫齊，即定限追究。

一議此次打仗時，兩造百姓有裏去者，自和息之後，彼此均不得計恨，擾害人財。

以上各款，係與兩造有益之件，原可如議而行。

即五，六兩款，將在藏貿易巴勒布頭人撤去，另由國中揀派大頭目經理，並該國王安設商人販賣貨物，准其隨便買賣一層，奴才赫特賀詳查，此議係因巴勒布商民在藏貿易，同本同利，尚且不安本分，今由該國王安設商人，並另揀廓爾喀大頭目經理，核與乾隆五十七年大將軍福康安奏定章程，尚無大礙。

第四條內，唐古特擒獲森巴之人退還廓爾喀一層，查森番於道光二十二年侵犯藏界，經噶布倫等帶兵堵剿，在多玉地方將首逆倭魯爾殲斃，屬下餘賊悉數投降。嗣軍務完竣，由前駐藏大臣孟保，海樸等奏明，於藏屬設有營宮處所，均勻攤派安置，即責成各該營官嚴加管束，蒙恩允准在案。去歲七月廓夷來差噶箕底畢噶熱瑪興塔巴，曾向委員據情代懇。奴才赫特賀查現在留藏森番僅存數十餘人，爾時以該夷如能遵斷完案，即行奏請釋回，當經檄知該酋，於此案完結後准令唐古特如數釋回，嗣後該夷既未遵斷，接奉檄諭亦未稟覆，是以末便遽行入奏。今該夷列入合同，現又將擒獲唐古特之人悉數交還，自應查照上年檄諭准飭遵辦。

第七條內，在藏貿易之陽布卡契回民遇有爭訟，廓爾喀頭目審辦一層。查藏中卡契回眾向由駐藏大臣與回眾中攤派頭目管束，今議以在陽布生長之卡契回民歸該國頭目經理。奴才赫特賀詳細查察，實有自陽布來藏貿易者，是以俯如所請，並於檄諭中敘明甲噶爾，喀什米爾及藏中生長之卡契回眾，與該夷毫無干涉，仍由駐藏大臣照舊辦理，以杜該夷之狡賴。

此數款者，雖係該夷無厭之求，尚非大乖情理之事，奴才赫特賀體察情形，亦姑從寬允准，以示羈縻。

至第一款，祇寫唐古特每年交給阿乃銀錢一萬元，並未聲敘所以交給緣故。第二款，祇寫廓爾喀商民稅課從此唐古特不收，並不提出唐古特稅課廓爾喀不收一語。核與前在濟嚨宗喀時該夷諸酋與唐古特番目所議彼此免稅，找補銀錢各情節，兩相懸殊。似此含混了結，不惟藉端狡展，適貽日後之口實，且恐肆意要求，致礙天朝之體制。

奴才赫特賀當經備文咨明奴才滿慶詳細察核，迅速咨覆。並一面譯行前後藏商上知照，一面札飭委員等再行設法極力開導，務令從妥更正。並將宜瑪頓柱等前在濟嚨所議，與此次合同因何不符之處，確切查明，一併稟覆去後。

茲據委員等稟稱，卑職等奉到札諭，遵即督同噶布倫面向來使諭以情理，曉以利害。詎意月餘以來，極力開導，不惟始終置若罔聞，更以所議末蒙允准，刻欲回巢。察其情詞，甚屬疑慮。卑職等遵查此案原委，當宜瑪頓柱前在宗喀，濟嚨之時，已將兩家各免稅課不收，並所得稅項清算後，再行找補阿乃銀錢一萬元一事，與廓酋噶南咱南等反覆商議，業據當面舉誓，並立字據，以為此事有伊數人應承，不能違誤，是以宜瑪頓柱等始將此情稟明噶布倫汪曲結布，該噶布倫遂亦據情稟懇憲臺恩准施行在案。詎宜瑪頓柱等行抵陽布，廓酋藏格巴都爾一味狡展，即在宗喀，濟嚨所議彼此免稅，找補銀錢之外，雖經兩造番目當面議定，寫立字樣，舉誓應允，而逆酋藏格巴都爾任意反覆，竟食前言，以致此次合同，與宗喀，濟嚨所議，前後不符。卑職等曾向宜瑪頓柱詳細詰詢，實因逆酋藏格巴都爾肆意狡展，反覆無常所致，並無捏飾妄稟情弊。等語。由該委員等稟報前來。

奴才赫特賀伏查，廓夷於上年兩軍對壘之餘，既知遣人乞和，並當同唐古特番目議明，願將前次具控各款仍遵前斷辦理完結。其嗣後兩造貿易，抽收稅課，彼此俱令蠲免。惟唐古特赴廓屬貿易之人較多，彼此以一年所收稅課通盤合算，除兩相抵迭外，議定每年唐古特找補廓爾喀阿乃銀一萬元。奴才赫特賀亦謂該夷自行轉移，自當酌量辦理。惟此項銀兩，雖據商上查明，在該夷應收之數，然體制攸關，究恐稍末盡善，致啟該夷輕玩之心，是以一面奏聞，一面復飭噶布倫詳慎妥辦。嗣該噶布倫派令僧俗各官前赴陽布，亦不過示講信修睦之意，並無擅行專主之責。況該酋既已請委漢官，則一切條議章程，自應遵照前檄，揀派頭目來至邊界，當同委員從妥定擬，稟明駐藏大臣查核飭遵，俾兩造得以永遠遵行，方屬為是。乃逆酋藏格巴都爾驕盈成性，詭譎為心，雖專差齎稟顯示乞和之意，而陰蓄反覆之心。在濟嚨，則原貌甘言而藏奸不露，抵陽布，則要求挾制而任性妄為，並敢擅擬含混之合同迫令宜瑪頓柱等在彼了結，似此目無法度，實足令人髮指。應即將合同擲還來使，嚴檄駁斥，並飛摺馳奏，請旨遵辦，始足以尊國體而嚴功令。

惟現據前藏哷徵阿齊圖呼圖克圖，後藏色勒木諾們罕並僧俗番目百姓等公同呈懇，務祈格外施恩，准照所議合同完結，不必斥駁等情，先後稟呈前來。維時奴才滿慶亦據唐古特人等稟同前由，曾援情抄咨與奴才赫持賀往返函商。該夷桀驚異常，毫無情理，分應厚集兵力大加懲創，方足懾其狂悖之心，而立遏其驕縱之氣。惟自辦理此案以來，奴才等屢奉諭旨，以內地軍務正殷，無暇兼顧及邊陲，駕馭外夷之道，總宜勦撫兼施，不可過事拘泥，訓誨諄諄。奴才等雖屬庸愚，敢不竭力籌畫，酌量善辦了結，以紓皇上西顧之憂。

茲既據前後藏僧俗公同具稟，甘願照此了結，懇求賞准，不必斥駁。奴才等再四思維，該夷萬分梗頑，兼值天時和暖，駁斥固慮其僨事，即請旨遵辦，亦恐以遲延而致滋他變。當此諸涉礙難，似宜從權辦理完結，以順輿情而顧大局。現酌擬將原議合同，於商上僧俗番目蓋具圖記後，即由委員發交來使專差遞送回國。並將合同內狡展之處詳細指出，繕給檄諭一道，見此次所以從權允准者，實係本大臣委曲成全，將來萬不敢陳奏大皇帝，使該逆於和息罷兵之餘，仍存顧畏天威之至意。

至來使噶南本係該逆派赴藏中管束巴勒布之頭人，現已令其赴後藏行寓謁見，由奴才赫特賀再行剴切曉諭之後，即飭赴前藏任事。

其邊界尚有應辦一切事宜，仍責成西藏糧務張祺妥為辦理。除將一切應辦事件，再由奴才等詳細查核，逐一妥辦，隨時具奏，並抄錄摺稿咨明成都將軍樂斌，四川督臣黃宗漢知照外，所有廓番夷務，酌量從權辦理完結緣由，謹公同恭摺，據實具奏。茲將譯出該國王來稟及原擬合同，並前後藏僧俗番目等回稟一紙，暨上年七月，本年二月與此次繕給該國王已行檄諭三道，一併照抄，恭呈御覽，伏乞皇上聖鑒訓示。謹奏。

咸豐六年七月十八日奉硃批，欽此。

附件抄錄唐古特廓爾喀公同議立合同底

廓爾喀與唐古特兩造世家，僧俗頭目公同列名，議定十款，和息了結事。

我兩家以天，菩薩為證，自甘情願，出具圖記，兩造自應仍舊恭順大皇帝安居樂業，按照所立合同，兩家自願和好，即如弟兄一般。以後無論兩家誰不遵此合同，妄自興兵者，自有天神鑒察，即降災禍。倘兩家誰違合同，兵伐他處，即無罪過。

辦理廓爾喀國中事務斯日瑪達爾咱古瑪熱古瑪讓打瑪咱熱英米里斯乍日英噶面達因紀帕咱拉熱納藏格巴都爾古凹熱然拉吉

斯日瑪達爾咱古瑪熱古瑪讓達瑪咱斯日米里斯乍熱咱南扒木巴都爾古凹熱然拉吉

斯日谷如熱咱班弟達達爾瑪的噶熱斯日畢咱葉熱咱班第達足

斯日瑪達爾咱古瑪熱古瑪讓達瑪咱斯日噶面達因紀帕咱南格斯拉巴都爾古凹熱然拉吉

斯日瑪達爾咱古瑪熱古瑪讓達瑪咱斯日噶面達因紀帕咱南熱拉烏止興哈古凹熱然拉吉

斯日瑪達爾咱古瑪讓達瑪咱斯日噶達薩本寫日降古凹熱然拉吉

斯日瑪達爾咱古瑪熱古瑪讓達瑪咱斯日咱南的日薩木寫日降吉凹熱然拉吉

斯日瑪達爾咱古瑪熱古瑪讓達瑪咱斯日咱南扒爾達畢爾古凹熱然拉吉

斯日瑪達爾咱古瑪熱古瑪讓達媽咱斯日乃卜丹打咱南扒卡打降古凹熱然拉吉

斯日免鄒達熱雅日納寫爾薩哈

斯日噶南底里畢噶然木興哈塔巴

斯日噶南直理興哈扒薩乃打

斯日噶南古免興哈扒薩乃打

赴陽布之唐古特喇嘛各官內：

布達拉達賴佛替身卓尼爾阿旺堅參

布賚繃寺領袖堪布阿旺三柱及寺中各管事等替身羅布藏饒結

沙拉寺領袖堪布羅布藏土青及寺中各管事之替身羅布藏甲木養

噶勒丹寺領袖堪布阿旺宜瑪及寺中各管事之替身饒結宜瑪

札什倫布寺領袖堪布羅布藏堅參及寺中各管事之替身格勒札克巴

薩迦寺池青喇嘛之替身甲木養們浪

策曲嶺寺呼畢勒罕之替身堅參頓柱

辦理西藏事務公噶布倫轄札

噶布倫白倫布

噶布倫台吉三柱頗章

噶布倫台吉札喜康薩爾

札什倫布商卓特巴宜瑪頓柱

公噶布倫轄札之姪噶廈卓尼爾仲巴色等

議定合同

一，唐古特每年與廓爾喀交給阿乃銀錢十千元。

一，唐古特，廓爾喀兩家本是恭順大皇帝之人，西藏地方均係喇嘛寺院，又係念經作善坐靜受戒之人住所，從此以後如有別國與唐古特地方打仗者，廓爾喀自當幫同唐古特護守。

一，廓爾喀商人，百姓應與唐古特各稅課，從此唐古特不收。

一，唐古特拿獲森巴之人，現在藏地，及此次打仗拿獲廓兵及頭目，人役，番婦，炮位等項，一併唐古特交還廓爾喀。廓爾喀所獲唐古特之兵暨濟嚨，聶拉木，宗喀，補仁，絨轄爾等處百姓之器械，牛隻各物，廓爾喀一併退還。俟和息後，將補仁，絨轄爾，濟嚨，宗喀，聶拉木，達爾結嶺山頂等處所有廓兵全行撤回，將各地方交出，退還唐古特。

一，從此藏中不安設巴勒布頭人，安設廓爾喀國中頭目經理。

一，藏中廓爾喀國王安設商人，販賣珠寶，衣物，食物，並各貨物，准其隨便買賣。

一，唐古特商人，百姓自相爭訟者，廓爾喀之官不准審辦。在藏之廓屬百姓與陽布生長之卡契回民爭訟者，唐古特之官不得審辦。如唐古特百姓與廓爾喀之人爭訟者，兩家官員會同審訊，應罰贖藏番之項唐古特官員經收，罰贖廓屬商人，百姓，卡契之項廓爾喀官經收。

一，廓爾喀之人在廓屬殺人逃往藏地者，唐古特將人交還。廓爾喀或唐古特之人在藏屬殺人逃往廓屬者，廓爾喀將人交還唐古特。

一，廓爾喀商人，百姓財物被唐古特百姓搶劫者，唐古特之官查明，將財物退還廓爾喀失主。如行劫之人將財物一時不能歸結者，唐古特之官勒限日期，取結追還。唐古特商人，百姓財物被廓爾喀百姓搶劫者，廓爾喀之官查明，將財物退還唐古特失主。如行劫之人將財物一時不能歸還，廓爾喀之官勒限日期，取結追還。

一，此次打仗時，唐古特百姓裹入廓爾喀之內，廓屬百姓裹入唐古特之內者，自此和息之後，兩家都不得計恨，擾害人財。（《元以來西藏地方與中央政府關係檔案史料彙編》頁九九六）

八、咸豐十一年英侵哲孟雄條約

英國政府和錫金政府關於恢復友好關係的條約（一八六一年三月二八日訂於通隆〔註22〕）

鑒於錫金大君的官員和臣民的持續破壞和不當行為以及大君未能令人滿意地處理其人民的不端行為而使先前存在於英國政府和錫金政府之間的和睦關係在過去中斷了多年，並最終導致了英國軍隊對錫金的入侵和征服，鑒於錫金大君已對其官員和臣民的不當行為表示真誠的遺憾，表示決心盡力避免在將來發生誤會，以及表示他重新與英國政府友好和結盟的願望，現議定條款如下：

第一條　英國政府和錫金政府以前簽訂的所有條約現正式予以廢除。

第二條　英國軍隊現在佔領的全部錫金領土應歸還給錫金大君，此後，兩國之間應保持和平和和睦。

第三條　錫金大君保證在他的權力範圍之內，從本條約簽署之日起一個月內歸還英國軍隊的分遣隊在林欽波貢放棄的全部公共財產。

第四條　為了賠償英國政府在一八六〇年佔領錫金的部份領土，作為強制實施錫金政府所逃避履行的正當要求的一種手段而花費的開支，以及賠償因錫金臣民搶劫和綁架英國臣民而造成的損失，錫金政府同意向大吉嶺英國當局交付一筆七千盧比的款項，這筆款項按下列期限償付。

一八六一年五月一日　　一千盧比

一八六一年十一月一日　三千盧比

一八六二年五月一日　　三千盧比

作為如期償付這筆款項的保證，雙方進一步同意，如果分期支付的款項中的任何一期不能在指定日期按期償付，錫金政府應將其領土的下述部份交給英國政府：該領土的南面為魯瑪河，東面為大蘭吉特河，北面為從大蘭吉特至辛加利拉山脈一線（包括塔錫丁，佩蒙奇和昌加切林的寺院）以及西面為辛加利拉山脈；英國政府將擁有這塊領土並在該領土上征稅，直至全部款項連同佔領和徵收的費用以及年率百分之六的利息付清為止。

第五條　錫金政府保證其臣民不再在英國領土內進行破壞或對英國臣民

〔註22〕通隆，哲孟雄第三個首府，英文地名作 Tumlong，北緯 27°24'46.31"，東經 88°35'03.59"。

進行綁架或其他騷擾。一旦發生任何此類破壞或綁架活動，錫金政府保證交出所有從事該類不正當活動的人員，以及縱容此類活動或從中獲得利益的酋長或其他頭人。

　　第六條　錫金政府根據英國政府通過其派遣的代理人提出的書面要求，將隨時逮捕和交出在錫金領土內避難的任何罪犯：盜用公款者或其他違法者。如果對滿足此項要求發生任何遲延，英國政府的員警可以在錫金領土的任何部份追捕要求被交出的人員，並且他們在出示由英國代理人正式簽署的證明後，應在他們執行任務時得到錫金官員的一切援助和保護。

　　第七條　鑑於主要是前政府官員納古阿伊的行為而引起的兩國政府之間最近的誤解，錫金政府保證永遠不讓納古阿伊或他的任何親屬重新回到錫金，或參加政務會議，或在丘姆比的大君或大君家族的任何成員屬下擔任任何職務。

　　第八條　錫金政府自即日起廢除對旅行者的一切限制並取消對英國領土和錫金之間的貿易壟斷。今後，應有一種自由的互利往來和兩國臣民之間充分的自由通商，英國臣民因旅行或經商而進入錫金的任何地方都應是合法的。所有國家的臣民應被允許在錫金居住或路過，他們可以在任何地方並以他們認為最適宜的方式出售他們的貨物而不受任何干涉，但下文規定者除外。

　　第九條　錫金政府保證對所有國家的任何旅行者，商人和貿易人員提供保護，不論他們是在錫金居住，經商或路過。如果作為歐洲的英國臣民的任何商人，旅行者或貿易人員犯有違犯錫金法律的任何行為，駐大吉嶺的英國政府代表應對這些人員進行懲罰，為此，錫金政府應立即將犯人移交給英國當局，而不應以任何藉口或其他託辭而在錫金拘留該犯。所有居住在錫金的其他英國臣民應遵守該國的法律，但是，這些臣民不得受斷肢或致殘或拷打的懲罰，並且對英國臣民的每一種懲罰情況應立即報告大吉嶺。

　　第十條　錫金政府對任何人從錫金輸入英國領土或從英國領土輸入錫金的貨物不得要求徵收任何的稅收和費用。

　　第十一條　錫金政府對所有輸入或來自西藏，不丹或尼泊爾的貨物，可以隨時根據規定和公佈的標準徵收關稅，不論該貨物的目的地是何處，衹要此類稅收不超過征稅時和征稅地點的貨物價格的百分之五。在支付了上述稅收後，應給予一張通行證，使該貨物避免因任何原因而又一次支付其他的稅收。

第十二條　爲了保護錫金政府不致因低估征稅額而受騙，雙方同意海關官員應有按照貨主規定的價格爲其政府買進任何貨物的權利。

第十三條　如果英國政府爲了促進貿易願意開闢一條通過錫金的公路，錫金政府將不加以反對，並將對從事這項工作的一方提供保護和援助。如果公路建成，錫金政府應承擔公路的維修工作，並在公路的路途中建造和保持適當的旅行者的休息所。

第十四條　如果英國政府願意對錫金進行地形或地質調查，錫金政府將不反對此項工作，並將對受雇完成此項任務的官員提供保護和援助。

第十五條　鑒於最近的很多誤會來自錫金存在的販賣奴隸的習慣，錫金政府自即日起承擔責任，嚴厲懲罰販賣人口或捉拿人來當作奴隸使用的任何人。

第十六條　錫金的臣民今後可以無阻礙地移居到他們希望去的任何國家。同樣，錫金政府有權允許其他國家的臣民在錫金避難，祇要他們不是罪犯或盜用公款者。

第十七條　錫金政府保證不對成爲英國政府的盟國的任何鄰國採取任何侵略或敵對行動。如果錫金人民和鄰國人民之間發生任何爭端或問題，應把這類爭端或問題交由英國政府仲裁。錫金政府同意將遵守英國政府的裁決。

第十八條　錫金的全部武裝力量當在山區被使用時，應參加英國軍隊並向後者提供一切援助和便利。

第十九條　錫金政府未得英國政府的同意，不得割讓或租借其領土的任何部份給其他任何國家。

第二十條　錫金政府保證未經英國政府許可，不讓屬於任何其他國家的軍隊通過錫金。

第二十一條　由於英國政府要求交出的七名罪犯，現已逃離錫金在不丹避難，錫金政府保證盡一切力量使不丹政府交出這些罪犯。如果這些罪犯中的任何人再回到錫金，錫金政府有義務逮捕他們，並毫不遲延地把他們交給大吉嶺英國當局。

第二十二條　爲了在錫金建立一個有效的政府，並同英國政府更好地保持友好關係，錫金大君同意把其政府從西藏移至錫金，每年在錫金居住九個月。雙方進一步同意錫金政府將派遣一名代表常駐大吉嶺。

　　第二十三條　本條約共二十三條。由英國專使，尊敬的阿什利·伊登和錫金大君賽凱貢·庫祖殿下於一八六一年三月二八日即尼泊爾六一年十一月七日訂於通隆。伊登先生交給大君一份由尊敬的阿什利·伊登和錫金大君殿下簽名蓋章的英文本以及尼泊爾文和不丹文的譯本。錫金大君同樣交給尊敬的阿什利·伊登一份由殿下和尊敬的阿什利·伊登簽名蓋章的英文本以及尼泊爾文和不丹文的譯本。這位專便保證自即日起六周內向殿下提交一份由印度總督閣下正式批准的本條約的文本，與此同時，本條約即行生效。

　　（代表簽字從略。一編者）

　　（譯自艾奇遜編《印度和鄰國間條約集》一二冊六一～六五頁）（《國際條約集》頁四二八）

引用資料之書籍目錄

1. 《皇清職貢圖》傅恒等編，遼瀋書社，一九九一年十月。

2. 《欽定大清會典理藩院事例》趙雲田點校，中國藏學出版社，二〇〇六年十二月。

3. 《西藏志》成文出版社，中華民國五十七年三月臺一版。

4. 《衛藏通志》文海出版社，中華民國五十四年十二月。

5. 《衛藏圖識》馬少雲，盛梅溪纂，文海出版社，中華民國五十五年十月。

6. 《西藏圖考》黃沛翹輯，光緒甲午年孟夏京都申榮堂校刊。

7. 《西藏圖說附說》嵇志文著，《清代邊疆史料抄稿本彙編》第二十五冊，線裝書局，二〇〇三年四月。

8. 《撫遠大將軍允禵奏稿》允禵著，吳豐培編纂，全國圖書館文獻縮微複製中心，一九九一年四月。

9. 《番僧源流考西藏宗教源流》合刊，西藏人民出版社，一九八二年。

10. 《雍正年間平息布魯克巴內亂史料》輯自《歷史研究》二〇〇五年第四期。

11. 《雍正朝滿文硃批奏摺全譯》中國第一歷史檔案館譯編，黃山書社，一九九八年七月。

12. 《清實錄‧乾隆》中華書局，一九八五年十一月。

13. 《清實錄‧嘉慶》中華書局，一九八六年七月。

14. 《西藏奏議川藏奏底合編》全國圖書館文獻縮微複製中心，二〇〇四年六月。

15. 《清代邊疆史料抄稿本彙編》線裝書局，二〇〇三年四月。

16. 《有泰駐藏日記》有泰著，全國圖書館文獻縮微複製中心，一九九二年。

17. 《光緒朝硃批奏摺》中華書局，一九九六年十二月。

18. 《清季外交史料》王彥威輯，書目文獻出版社，一九八七年九月。

19. 《清代藏事奏牘》吳豐培輯，中國藏學出版社，一九九四年十月。

20. 《松溎桂豐奏稿》松溎，桂豐著，全國圖書館文獻縮微複製中心，一九九一年二月。

21. 《欽定廓爾喀紀略》（清）方略館纂，全國圖書館文獻縮微複製中心，一九九一年二月。

22. 《清代藏事輯要》張其勤原稿，吳豐培增輯，西藏人民出版社，一九八三年十月。

23. 《元以來西藏地方與中央政府關係檔案史料彙編》中國藏學出版社，一九九四年十月。

24. 《後藏志》覺囊達熱那特著，余萬治譯，西藏人民出版社，一九九四年。

25. 《青史》廓諾‧迅魯伯著，郭和卿譯，西藏人民出版社，一九八五年三月。

26. 《薩迦世系史續編》貢嘎羅追著，王玉平譯，西藏人民出版社，一九九二年七月。

27. 《頗羅鼐傳》多卡夏仲‧策仁旺傑著，湯池安譯，西藏人民出版社，一九八八年十二月。

28. 《噶倫傳》多喀爾‧策仁旺傑著，周秋有譯，西藏人民出版社，一九八六年八月。

29. 《多仁班智達傳》丹津班珠爾著，湯池安譯，中國藏學出版社，一九九五年十一月。

30. 《西藏佛教發展史略》王森著，中國社會科學出版社，一九八七年六月。

31. 《國際條約集》（一六四八～一八七一），世界知識出版社編輯出版，一九八四年四月。

32. 《現代不丹》〔印〕拉姆‧拉合爾著，四川外語學院《現代不丹》翻譯組譯，四川人民出版社，一九七八年六月。

33. 《英國侵略西藏史》榮赫鵬著，孫煦初譯，商務印書館，民國二十三年。

34. 《西藏之過去與現在》柏爾著，宮廷璋譯，商務印書館，中華民國十九年九月。

35. 《入布調查覆文》馬吉符著，輯自《回族典藏全書》一一九冊，甘肅文化出版社，寧夏人民出版社出版，二〇〇八年八月。